轨道作业车标准化作业管理规范

中国中铁电气化局集团有限公司　组编

北京交通大学出版社
·北京·

内 容 简 介

为规范轨道作业车运用的标准化作业，不断提高轨道作业车司机的业务能力和作业水平，确保轨道作业车运用与作业安全，实现轨道作业车生产的安全、高效，中铁电气化局集团有限公司组织编制了本作业管理规范。

本作业管理规范按照 GB/T 1.1—2020 给出的规则编制，是国铁施工过程中恒张力放线车、接触网作业车、重型轨道车、立杆作业车、路用平车等轨道作业车的检查、维护、运用、设备操作及应急处理等方面的作业标准，是各级管理人员检查与指导工作的依据。

图书在版编目（CIP）数据

轨道作业车标准化作业管理规范 / 中国中铁电气化局集团有限公司组编；王辉主编. —北京：北京交通大学出版社，2021.11

ISBN 978-7-5121-4588-7

Ⅰ. ① 轨… Ⅱ. ① 中… ② 王… Ⅲ. ① 轨道车–作业管理–管理规范–中国 Ⅳ. ① U216.61–65

中国版本图书馆 CIP 数据核字（2021）第 215091 号

轨道作业车标准化作业管理规范
GUIDAO ZUOYECHE BIAOZHUNHUA ZUOYE GUANLI GUIFAN

责任编辑：陈跃琴
出版发行：北京交通大学出版社　　电话：010–51686414　　http://www.bjtup.com.cn
地　　址：北京市海淀区高梁桥斜街 44 号　　邮编：100044
印 刷 者：艺堂印刷（天津）有限公司
经　　销：全国新华书店
开　　本：185 mm×260 mm　　印张：10.75　　字数：269 千字
版 印 次：2021 年 11 月第 1 版　　2021 年 11 月第 1 次印刷
印　　数：1～2 500 册　　定价：68.00 元

本书如有质量问题，请向北京交通大学出版社质监组反映。对您的意见和批评，我们表示欢迎和感谢。
投诉电话：010-51686043，51686008；传真：010-62225406；E-mail：press@bjtu.edu.cn。

本书编委会

目录

1

总　则

中铁电气化局集团有限公司所属自轮运转特种设备是电气化铁路接触网日常维修、检测、大修、应急抢修及施工的重要设备，是企业的核心竞争力。自轮运转特种设备（以下简称轨道作业车）的主要类型有：恒张力放线车、接触网作业车、重型轨道车、立杆作业车、路用平车等。

为规范轨道作业车运用的标准化作业，不断提高轨道作业车司机的业务能力和业务水平，确保轨道作业车运用与作业安全，实现轨道作业车生产的安全、高效，中铁电气化局集团有限公司组织编制了《轨道作业车标准化作业管理规范》。本作业管理规范规定了在国铁施工过程中恒张力放线车、接触网作业车、重型轨道车、立杆作业车、路用平车等轨道作业车的检查、维护、运用、操作及应急处理等方面的作业标准。

本作业管理规范是各级管理人员检查与指导工作的依据，是轨道作业车司机作业过程中的标准。各级管理人员要深刻领会本作业管理规范的内涵，不断宣贯、检查并持续改进，高质量地推进标准化作业管理；轨道作业车司机要认真学习本作业管理规范的内容，严格执行，不断提高个人业务技能，全面保障轨道作业车安全生产，不断开创轨道作业车安全生产管理工作的新局面。

随着电气化铁路施工生产技术的不断发展，现场施工作业环境也在不断变化，本作业管理规范在执行过程中难免存在不足之处，恳请各有关单位和司助人员多提宝贵意见和建议，将发现的问题及时反馈给编写人员，以便及时完善和改进。

2

编 制 依 据

本作业管理规范编制的主要依据是各种型号轨道作业车的使用保养说明书、中铁电气化局集团有限公司机械设备管理制度和操作规程、铁路部门的行车组织规则，以及下列规章制度：

TG/01A—2017　铁路技术管理规程

TG/GW2109—2021　轨道作业车管理规则

3

通用技术要求

3.1 施工作业环境

轨道作业车是电气化铁路施工作业的重要设备，主要用于既有线电气化改造、电气化铁路（含高速铁路）改造、新建电气化铁路等工程项目建设。需要针对不同工程项目的施工作业环境情况进行调研，编制轨道作业车运用管理方案，对于困难、重点作业项目，形成专项方案，并组织技术交底。

3.1.1 适用的铁路技术要求

① 直线轨距标准为 1 435 mm 的线路。

② 曲线半径大于 90 m 的线路，通过曲线半径为 90 m 的线路时速度应小于 10 km/h，此项为单机运行作业时的要求。

③ 外轨超高小于 120 mm 的线路。

④ 坡道小于 30‰的线路。

3.1.2 自然环境要求

① **环境温度范围：** −25～45 ℃。

② **风力环境范围：** 风速不超过 15 m/s。

③ **海拔高度：** 作业区段的海拔高度不应超过其设计要求，当超过设计要求时应制定专项方案。

3.2 轨道作业车检验检测规程

1. 季度检验检测

运行控制设备 GYK（含 BTM）和列车无线调度通信设备（含 CIR、LBJ）每三个月定期检测 1 次，确保设备性能良好；及时换装 GYK 数据，确保 GYK 数据版本最新；定期检测和数据换装工作按所属铁路局集团公司相关要求执行。

2. 半年检验检测

制动系统风压表、制动软管每半年校验 1 次，由具有资质的单位完成并出具合格证，确保制动系统性能良好。

3. 年度检验检测

① 制动阀件每年校验 1 次（制动管路未采用不锈钢管或未安装空气干燥器的，每半年校验 1 次），由具有资质的单位完成并出具合格证，确保制动系统性能良好。

② 车轴、车钩（含吊车大钩）每年探伤检查 1 次，由具有资质的单位完成并出具合格证，确保车轴及车钩（含吊车大钩）技术性能良好，车钩探伤的同时应检查车钩缓冲装置。

③ 整车年度鉴定每年 1 次，由轨道作业车所属单位提出申请，铁路局集团公司主管业务处室组织实施完成，年度鉴定合格的轨道作业车发放年检合格证或施工运行证明，营业线轨道作业车必须取得年检合格证或施工运行证明。

注意：轨道作业车其他附属设备的检验检测周期按照其使用说明书或铁路路局集团公司的相关规定执行。

3.3 定期检查及维修保养

3.3.1 日常检查保养标准

1. 出车前

① 出车作业前，轨道作业车司机应认真对轨道作业车进行出车前检查，出车前检查分为静态检查和动态检查。出车前检查项目、标准及要求见附录 A。

② 出车前检查完毕，确认轨道作业车技术性能良好，方可出车作业。

2. 作业（行驶）中

轨道作业车作业（行驶）中，应注意风压表等仪表显示状态，注意异响、异味，发现异常应立即减速或停车，如果不能自行处理，须立刻将情况上报上级单位。

3. 收车后

① 对于轨道作业车运行中的异常现象，如果当时没有条件处理，收车后要查明原因，及时处理。对于不能确认的问题，要马上报告机械负责人。

② 清洁各部件并按规定加注润滑脂。按“出车前维修保养标准”认真检查轨道作业车，发现问题应及时处理。

③ 冬季应放尽发动机水箱、水泵、机油散热器中的冷却水（加防冻液的车除外），放出总风缸及油水分离器中的积油、积水。

④ 对轨道作业车内外进行清洁。电气化区段接触网下严禁用水冲洗轨道作业车，防止发生触电事故。

⑤ 检查随车工具、备品状态，及时补充和修理。

⑥ 停车后必须采取防溜措施，在长大坡道停放轨道作业车时应双向防溜。

⑦ 根据当日工作情况，认真填写有关记录。

3.3.2 月度维修保养标准

① 月度维修保养属于预防性检查工作，目的是使轨道作业车保持良好的状态。每月应进

行不少于一次的月维修保养工作。

② 月度维修保养的项目、标准及要求见附录 B。

3.3.3 季度维修保养标准

① 轨道作业车每行驶（5 000±500）km 或每季度进行一次定期保养。定期保养是以全面检查、调整、紧固、润滑，并排除不正常状态为内容的检查工作。

② 季度维修保养的项目、标准及要求见附录 C。

3.3.4 换季维修保养标准

① 根据季节性的温度变化每半年组织一次换季保养工作，换季保养工作应在入冬前和入夏前组织完成。

② 换季维修保养的项目、标准及要求见附录 D。

3.3.5 年修规范标准

① 年修是按年修规则对动力传动系统、走行系统及制动系统等部件的维护性修理和更换工作，应每年组织一次，年修完毕应出具年修合格证。

② 年修的项目、标准及要求参照国铁集团年修有关规定执行。

3.3.6 大修规范标准

① 大修是按规范对全部总成全面检查修理，更换必要部件，恢复整车性能的修理工作。大修完毕应出具大修合格证。

② 接触网作业车（重型轨道车）按使用年限或运行里程安排轨道作业车大修，以先到者为准。轨道作业车大修周期如表 3–1 所示。

表 3–1 轨道作业车大修周期

序号	车型	里程/km	使用年限/年
1	机械传动重型轨道车	120 000	6
2	液力传动或电传动重型轨道车	160 000	8
3	机械传动接触网检修作业车	120 000	6
4	液力传动或电传动接触网检修作业车	160 000	8
5	接触网多功能检修作业车	200 000	11
6	接触网检修车列	160 000	8
7	接触网检测车	160 000	8
8	接触网放线车	60 000	6
9	接触网立杆作业车	60 000	6
10	接触网专用平车	60 000	6

③ 大修的项目、标准及要求参照国铁集团大修有关规定执行。

3.4 司机配置

3.4.1 司机的基本要求

① 轨道作业车司机应具备良好的思想素质，身体状况符合要求，责任心强，有一定文化基础，经培训合格且能较快掌握轨道作业车性能和操作技能。

② 熟知轨道作业车的结构性能，能严格按《机械设备安全技术操作规程》的要求执行。

③ 持有国家铁路管理部门核发的铁路机车车辆驾驶证或地方行政审批部门核发的特种设备作业人员证外，并经岗前安全培训合格后由工程项目部核发上岗操作证后方可上岗作业。

④ 熟知轨道作业车保养项目和内容，掌握保养技术，能按时保养轨道作业车并保证保养质量，使轨道作业车经常处于良好技术状态。

⑤ 能按规定正确、详细填写《轨道作业车工作日志》等原始资料，定期上报轨道作业车管理部门。

3.4.2 司机配置标准

① 接触网作业车：每车配备 2 人。

② 重型轨道车：每车配备 2 人。

③ 立杆作业车：每车配备 2 人。

④ 恒张力放线车：每车配备 3 人。

3.5 修理人员配置

3.5.1 修理人员基本要求

① 具备良好的思想素质，身体状况符合要求，责任心强，有一定文化基础，经培训合格，且能够熟练掌握轨道作业车维修保养技能。

② 熟知轨道作业车结构、性能、原理，会操作，会维护保养，会排除故障和处理机械故障。

③ 熟知轨道作业车保养及维修项目和内容。掌握维修保养技术，能保证维修保养质量，使轨道作业车经常处于良好技术状态。

3.5.2 修理人员配置标准

① 恒张力放线车、接触网作业车、立杆作业车每台按 0.7～1.0 人配备。其他轨道作业车按每台 0.2～0.5 人配备。

② 原则上，一个轨道作业车停车点配备一名业务全面的修理人员。

3.6 轨道作业车转场标准

3.6.1 轨道作业车自运行转场标准

1. 轨道作业车自运行转场的管理要求

① 自运行转场前，应做好轨道作业车的检查、整备工作，确保轨道作业车及其操作人员证件齐全有效、轨道作业车技术性能状况良好、备品备件齐全有效、三项设备的状态及数据版本符合运行要求。

② 自运行转场前，应按照当地铁路局集团公司相关要求办理轨道作业车运行手续，并联系带道司机带道。

③ 自运行转场前，应明确班组负责人及本务机司机，优先安排熟悉运行线路、能熟练操作 GYK、无线列调等安全行车装备，具有长距离、长交路轨道作业车驾驶经验的司机担当本务司机。班组负责人及盯岗干部必须在本务机值乘。

④ 轨道作业车自运行途中在车站停靠时，司助人员要按规定及时对轨道作业车进行全面检查，消除故障隐患，确保轨道作业车技术性能良好，并及时测量车轴、换向箱、变速箱、车轴齿轮箱的工作温度，填写《轨道作业车关键点工作温度统计表》并做好记录，按规定完成上报。

⑤ 在到达目的地之前，轨道作业车技术性能、状态由出场单位负责。到达目的地之后，使用轨道作业车的项目部负责组织完成轨道作业车的接收、整备及交接工作。

2. 轨道作业车自运行转场的技术要求

① 轨道作业车的年检合格证（或施工运行证明）、车轴探伤、大钩探伤、三阀校验、制动仪表检测等合格证及报告应齐全、有效，并随车携带。

② 轨道作业车自运行前，参照附录 B 相关标准和要求全面检查轨道作业车，确保轨道作业车技术性能良好。重点检查并确认：走行系统各运动件和悬挂件连接紧固，制动系统闸瓦厚度符合要求且状态良好，制动缸活塞行程符合要求且作用良好。

③ 车上随车工具、吊装用具应放进工具箱并锁闭工具箱，油桶等无法放入工具箱的物品应采用 ϕ4.0 mm 的铁线捆绑牢固。驾驶室外部不能有处于自由状态的易坠落物体。

④ 接触网作业车随车吊、作业平台应完全复位。

⑤ 立杆作业车支腿、稳定缸、吊臂及吊钩应完全复位，支腿和吊钩机械锁定；运行途中在车站停靠时，重点检查稳定油缸有无自由下落，发现异常应及时处理。

⑥ 恒张力放线车的拨线机构、导向柱、作业平台、张力机构和线盘架均应处于复位状态，并进行机械锁定；线盘架上的线盘需卸掉，严禁带线盘挂运。

⑦ 自运行转场轨道作业车应安装轴温检测装置或配置手持测温设备，车组人员应密切检测车轴、换向箱、变速箱、车轴齿轮箱的工作温度，发现异常应及时反馈车组负责人，及时处理并按规定上报。

⑧ 在自运行转场过程中，整组所有动力车不允许熄火，并听从本务机及车组负责人的指挥。

3.6.2 轨道作业车挂运转场标准

1. 轨道作业车挂运转场的管理要求

① 轨道作业车挂运前，由轨道作业车出场单位负责办理轨道作业车挂运手续。过轨技术检查、货票办理、押运人员配备等按所属铁路局集团公司相关规定办理。

② 轨道作业车挂运押运人员由出场单位配备，押运人员应由经验丰富、业务熟练的主车司机担任，并按要求办理押运证，配备的押运人员应不少于 2 名。

③ 轨道作业车挂运前，押运人员应检查随车通信设备，确保性能良好。押运期间，遇到影响安全的紧急情况时，押运人员应立即通知两端站的列车调度员，及时采取应急措施并按规定上报。

④ 严禁押运人员携带易燃易爆等危险品上车，严禁在押运途中使用明火。

⑤ 在轨道作业车挂运过程中，押运人员应认真负责，不得擅离职守，保持联系畅通，按要求监测车轴、换向箱、变速箱、车轴齿轮箱的工作温度并做好记录，及时上报。

⑥ 在到达目的地之前，轨道作业车技术性能、状态由出场单位负责。到达目的地时，由接收项目部负责办理提货手续，做好轨道作业车的接收、整备工作。

2. 轨道作业车挂运转场的技术要求

① 挂运前，需经所在铁路局集团公司车辆部门对轨道作业车的走行系统进行技术鉴定，并出具过轨技术检查合格证。

② 挂运前，检查轨道作业车车轴齿轮箱润滑油油位及油质，确保油量充足、油质良好；检查车轴轴承的润滑情况，确保润滑良好。

③ 办理货票需要的资料包括：轨道作业车出厂合格证复印件、年检合格证复印件、探伤合格证复印件、铁路局集团公司车辆部门出具的过轨技术检查合格证原件、押运人员身份证复印件及电话、铁路传真电报。

④ 轨道作业车的年检合格证（或施工运行证明）、车轴探伤、大钩探伤、三阀校验、制动仪表检测等合格证及报告应齐全、有效，并随车携带。

⑤ 在挂运过程中，发动机处于熄火状态，切断全车电源，严禁起动发动机，松开手制动机。

⑥ 轨道作业车挂运限速 80 km/h，禁止溜放，禁止通过驼峰，禁止通过减速器，限挂于列车尾部；此条要求应在铁路电报和货票中注明。

⑦ 恒张力放线车挂运前，应检查车辆拨线机构、导向柱、作业平台、张力机构和线盘架，均应处于复位状态，并进行机械锁定；线盘架上的线盘需卸掉，严禁带线盘挂运。

⑧ 恒张力放线车挂运时，低速走行摘挂挡控制开关置于“摘挡”位置，解除Ⅰ轴－Ⅳ轴马达减速器驱动齿轮与车轴上被动齿轮的啮合状态，且“Ⅰ轴－Ⅳ轴连挂走行”绿色指示灯必须点亮，未点亮禁止挂运，需检查指示灯不亮原因。

⑨ 接触网作业车挂运前，作业平台、受电弓及随车吊应处于复位状态，作业平台护栏、受电弓和随车吊吊钩应进行机械锁定，无机械锁定装置的使用 ϕ4.0 mm 的铁线捆绑固定。

⑩ 轨道车和接触网作业车挂运前，拆下换向分动箱两端到车轴齿轮之间的传，共计两根，拆解完毕后传动轴及固定螺栓均统一放置于驾驶室，严禁将连接固定螺栓留在换向箱和车轴齿轮箱连接处。

⑪ 轨道车和接触网作业车挂运前，两端自动制动机手柄均置于“手柄取出”位，并取出

手柄；两端单独制动阀手柄均置于“运转”位，并取出手柄。

⑫ 轨道车和接触网作业车挂运前，两端客货转换阀置于“货车”位，开启无动力装置的截断塞门，同时将分配阀的常用限压阀的限制压力调整为 245 kPa，缓解所有停车制动装置。

⑬ 立杆作业车挂运前，起重臂、大钩、支腿、稳定缸应完全复位，大钩及支腿必须进行机械锁定；挂运过程中，及时检查稳定缸有无自由下落现象，发现异常应及时处理。

⑭ 挂运过程中，押运人员要经常检查车轴温度、基础制动部件、走行部件，发现异常应及时上报处理；影响行车的，应及时通知铁路行车部门，并采取相应措施。

3.6.3 轨道作业车汽车运输转场标准

1. 轨道作业车汽车运输转场的管理要求

① 轨道作业车运输前，应做好轨道作业车的检查、整备、交接工作。签订运输合同后，方可组织吊装与运输。

② 轨道作业车装载前，需制订详细的吊装、运输方案，选择专业的吊装、运输公司负责实施。

③ 轨道作业车装载时，应指派管理干部（或专业人员）现场盯岗，当装载不符合要求时，不得起运。

④ 轨道作业车运输过程中，吊装及捆绑、运输安全、货物完整等事项由运输公司全面负责。需要购买运输货物险，保险额度不得低于轨道作业车净值。

2. 轨道作业车汽车运输转场的技术要求

① 原则上，使用凹型工程机械运输车进行运输，目的是降低轨道作业车装载后的重心，保证运输安全。

② 吊装前，应按轨道作业车使用说明书中的要求对轨道作业车的车架、转向架与轮对进行锁定，防止吊装时各部相互之间的配合发生错位。

③ 吊装时，必须在固定的吊装点进行吊装，严禁使用其他吊装方式进行吊装。

④ 吊装时，在两端钢丝绳越过轨道作业车最高点处用扁担把钢丝绳撑开，防止钢丝绳受力后挤压驾驶室和护栏，使之变形。

⑤ 轨道作业车超限部位（如作业平台等）需要拆解时，控制电路线缆应从航空插头或接线端子处分开，并做好标记，严禁直接剪断线缆，固定螺栓须统一集中保管。

⑥ 装车时，应保证以轨道作业车的车轮或转向架中心点为支点，在轨道作业车的车轮与车厢底板之间，放置专用木质垫木，防止运输过程中对轨道作业车车轮造成损伤。

⑦ 在汽车上捆扎轨道作业车时，应选择轨道作业车吊装点进行捆扎，捆扎应牢固，保证轨道作业车前后、左右、上下均不能移动。

3.7 轨道作业车运用的基本要求

3.7.1 岗位责任制

按照“一岗双责，岗岗有责”的原则，轨道作业车管理人员及司机进场后应明确岗位职责。轨道作业车运用执行“定人定机”制度，确保司机相对固定。

3.7.2 持证上岗制

轨道作业车司机必须经过岗前培训，考试合格后方可持证上岗。轨道作业车司机实行持双证上岗制度，严禁无证操作轨道作业车。轨道作业车司机除持有国铁集团核发的有效驾驶证外，还应持有工程公司核发的上岗操作证；立杆作业车司机除持有地方行政审批局核发的特种设备作业人员证外，还应持有工程公司核发的上岗操作证。

3.7.3 车长负责制

轨道作业车在上线运行及作业前，应在所属铁路局集团公司管理部门办理准入手续并备案。在施工作业时，执行车长负责制，即对于每组轨道作业车，在施工作业开始前由轨道作业车使用单位指定一位车长，车长对轨道作业车从驻地出发至工作完毕返回驻地全过程负责，与轨道作业车司机共同把控行车、作业安全。

3.7.4 交接班管理要求

① 在多班使用轨道作业车、临时变更司机、长途转运、退租停放或启用停放轨道作业车时，应执行交接班制度。

② 轨道作业车交接应在原使用保管人与现接收人员或押运人员之间进行；根据需要，可安排轨道作业车管理人员或班组长参加轨道作业车交接工作。

③ 交接双方当事人应就轨道作业车的技术状态和安全装置是否良好，随机备品、附件、工具、技术资料等是否齐全、完整，轨道作业车存在的问题及轨道作业车操作注意事项，其他管理要求等进行翔实的交接。

④ 交接事项应在交接记录表中做好记录，交接双方当事人签字确认，并按规定进行保存。

3.7.5 培训管理要求

1. 总体要求

① 注重实效。要准确掌握培训需求，按需施教，加强培训的过程控制，严格培训的考核管理，提高培训效果。

② 突出重点。围绕施工生产需要，加大对一线生产骨干、特种作业人员的培训力度，突出关键岗位培训。

③ 各类培训必须留有相关培训记录，考试合格后核发上岗证，之后方可上岗作业。

④ 对于施工过程中陆续进场、临时进场的司机，必须及时组织岗前培训，培训合格后方可上岗作业。

2. 培训内容

① 国家、地方、行业有关质量、环境、职业健康安全方面的法律、法规及其他要求。

② 铁路施工培训，主要内容应包括所在工程基本情况，主要机械施工内容，本项目危险源及其控制清单，标准化作业程序，施工区段的特殊地段、特殊信号、特殊要求、线路情况、坡道情况、外轨超高、车站站细，停留车站对轨道作业车的停留、防溜、联控、编组转线标准，以及所在铁路局集团公司、建设指挥部的管理要求、公司各项安全规章制度、岗位应知

应会、特殊工种所需的知识与技能、先进管理理论与实务等。

3. 培训实施方式

培训主要采用内部集中培训、委外培训、师带徒、现场指导、实作演练等形式进行。

4. 培训分类

① 新员工培训：主要指新员工完成岗位工作所必需的知识和技能培训。通过培训确保新员工掌握未来工作岗位所需技能及相关的环境、质量、职业健康安全知识，并经考试合格后持证上岗。

② 岗位能力培训：主要是基层管理技术人员培训。

③ 职业资格培训：主要指技能等级培训、执业资格培训、从业资格培训。

④ 特种作业人员培训：主要指特种作业人员接受与其所从事的特种作业相关的安全技术理论培训和实际操作培训。

注意：特种作业人员必须按国家规定，经安全管理部门、轨道作业车管理部门认可的有资质的培训机构培训，经考试合格取得资格证书方可持证上岗，并按要求定期参加资格复审。

3.7.6 定期演练管理要求

① 施工项目开工前，必须进行一次全面的应急演练，确保轨道作业车各应急系统状态良好，确保司机应急技能熟练，开始施工作业后，每季度组织 1 次应急演练。

注意：若应急演练不达标，轨道作业车禁止启用。

② 应急演练包括但不限于以下项目：轨道作业车脱轨起复，接触网作业车平台无动力复位；立杆作业车吊臂（伸缩、旋转、变幅）复位，立杆作业车支腿复位。

③ 轨道作业车使用单位应结合现场实际情况及属地铁路局集团公司相关要求，及时开展防溜、防火、防洪、防汛等专项的应急演练。

④ 应急演练要制订详细的演练计划及方案，分析演练过程中的危险源并制定防控措施；演练过程应按要求做好记录并按规定留存。

3.7.7 随车技术资料管理

1. 随车文件盒配置标准

轨道车、接触网作业车和恒张力放线车每台车配置内业资料盒 4 个，分别用于放置技术资料、证件资料、学习资料、运转资料。立杆作业车和恒张力放线车不具备内业资料盒放置条件的，相关资料放置在同班组轨道车或接触网作业车上，与轨道车或接触网作业车资料合放，不另行配置文件盒。

① 技术资料包括《铁路技术管理规程》《铁路交通事故调查处理规则》《铁路电力安全工作规程》《轨道车管理规则》，以及所属铁路局集团公司的《铁路行车组织规则》、施工管段的《铁路行车工作细则》、本车及其总成使用说明书、上级下发的需随车携带的文件等资料。

② 证件资料包括年检合格证原件、制动探伤合格证原件、驾驶证复印件、行车安全装备（无线列调及 GYK）检测合格证、轨道作业车资料清单、随车工具备品台账等资料。

③ 学习资料包括轨道作业车司机日常、定期学习记录，师带徒协议，应急预案，施工管段危险源及控制措施等资料。

④ 运转资料包括轨道作业车工作日志、施工作业票、调度命令、运行揭示、维修保养记

录台账、轨道作业车交接记录等资料。

2. 随车资料保存要求

① 技术资料、证件资料应是最新版本或者在有效期内的。

② 轨道作业车工作日志、施工作业票、调度命令、运行揭示等资料，应随车保存不少于一个月的资料，超期资料统一上交机械队保存。

③ 每个档案盒需建立卷内目录，卷内目录以存放时间先后为记录顺序。

④ 所在铁路局集团公司或者建设单位有其他管理要求的，可自行增加文件盒一个，单独存放相关资料。

3.7.8 行车安全用品的配备标准

行车安全用品的配备标准如表 3-2 所示。

表 3-2 行车安全用品的配备标准

品名		单位	常备数量	附注
通信用品	无线列调对讲设备	部	2	频率可调整，具备录音功能
	GSM-R 手持终端	部	1	GSM-R 区段配备
信号用品	手信号旗	面	6	红、黄色各 3 面
	手信号灯	个	3	红、黄、白各 1 个
	防护灯	盏	2	双面红色，用于停车过夜防护
	号角	个	3	
	火炬	支	6	
	响墩	个	12	
安全防护用品	简易紧急制动阀	个	1	高速铁路区段使用平车时配备
	短路铜线	根	2	自动闭塞区段使用，长度为 1.5 m
	铁鞋	个	4	
	液压复轨器	套	1	
	起复索具	套	1	根据车型配置
	水型灭火器	具	2	按节配备，单个灭火器容量不小于 2 L
	ABC 干粉灭火器	具	2	按节配备，单个灭火器容量不小于 2 kg
检查修理工具	随车工具	套	1	扳手、钳子、钳工锤、油枪等必要工具
	检车锤	把	2	
	红外线测温仪	台	1	手持式
	充电手电筒	把	2	

4

通用安全要求

4.1 轨道作业车管理安全要求

① 轨道作业车的使用及管理必须贯彻执行国家、行业有关的方针、政策、法令、法规、条例等，严格执行各级管理部门颁布的轨道作业车管理文件和操作规程，严格遵守轨道作业车操作手册（使用说明书）中的各项规定。

② 轨道作业车及其附件的检验检测应按所在铁路局集团公司的相关规定执行，取得合格证。合格证需齐全、有效，未取得合格证或合格证逾期的轨道作业车禁止上线施工作业。

③ 严格执行交班制度。交班时认真填写交班记录，做好例保并清洗轨道作业车。交班清楚后，经接班人签认，开空车试运转，接班人应检查移交的情况，确认无误后方能开始工作。

④ 轨道作业车不得带病运转，开动前、工作中、完毕后均应检查动力系统、传动装置、转向机构、电气设备及制动装置等是否正常，发现故障应及时排除或提出报修意见。

⑤ 轨道作业车不得超载荷作业或随意扩大使用范围，应严格按照轨道作业车使用说明书中规定的机械能力和使用条件进行使用和操作。

⑥ 轨道作业车各种安全防护装置、照明、信号、监测仪表、警戒标记等不准随意拆除或移作它用。

⑦ 认真做好轨道作业车以防火、防冻、防滑、防盗为中心内容的四防工作。轨道作业车使用或存放地点应有灭火装置。车间、场地、操作室及轨道作业车四周禁止堆积易燃易爆物品。

⑧ 轨道作业车在夜间施工作业时，作业区域及驾驶室内应有足够的照明设施，且性能良好。

⑨ 新购轨道作业车，或经过大修、改装和拆卸后重新安装的轨道作业车，必须按照轨道作业车技术试验规程和有关规定进行检查、鉴定和试运转，以防轨道作业车过早磨损。

⑩ 立杆作业车施工作业时，要有专人指挥，严格执行“十不吊”和“八严禁”，确保起吊范围内人员和轨道作业车的安全。

⑪ 轨道作业车停用一个月以上的，在停用前要认真做好保养工作，要防止雨淋、水泡、锈蚀，每月必须全面检查一次。有动力的轨道作业车每月运转一次，每次运转时间不少于30 min。

⑫《轨道作业车工作日志》是记录轨道作业车运用、检修、调度命令等情况的原始记录

簿，是分析行车事故、轨道作业车故障，进行轨道作业车修理的重要依据。《轨道作业车工作日志》的填写必须真实、准确、齐全，并按规定时间保存。

4.2 司机安全要求

① 轨道作业车的司机必须年满 18 岁，身体健康，并对其所操作的轨道作业车具有一般的理论知识和实际操作经验，持有上岗操作证，才可上机操作。学员未经考试合格，不准单独操作。

② 酒后、患病和精神受到严重刺激不能正常工作的司机，不允许驾驶和操作轨道作业车。非司机不得驾驶轨道作业车，非轨道作业车司机不得操作轨道作业车。

③ 司机工作时必须精神集中，不准闲谈、打闹、开玩笑和做与工作无关的其他事情；不得擅自离开岗位，离开轨道作业车时必须停机。

④ 轨道作业车的起动、停止及运转均应由值班司机操作，其他人员不得擅自操作。

⑤ 司机应严格遵守轨道作业车的保养规定，认真做好各级保养工作，爱护轨道作业车，精心维护，合理使用，正确操作，保证轨道作业车经常处于良好状态。每班应填写好轨道作业车的运转、维修和油料消耗等原始记录。

⑥ 轨道作业车司机和配合人员必须穿戴合乎规定的劳动保护用品，女职工应戴工作帽，长发及辫子不得外露。

⑦ 轨道作业车司机执行持双证上岗的制度；重型轨道车、恒张力放线车及安装作业车司机，除持铁路局集团公司核发的有效轨道车驾驶证外，应持工程项目部核发的经过专门培训的“上岗操作证”。立杆作业车司机除持有地方行政审批局核发的特种设备作业人员证外，应持工程项目部核发的经过专门培训的“上岗操作证”。

⑧ 持轨道车学习驾驶证的司机（学习司机），必须在安全驾驶 5 年或 10 万 km 以上的轨道车司机指导下方准操纵轨道作业车。运输易燃易爆等危险品、夜间行车、抢险运输、人员运输、站场转线、复线逆行及在封锁施工区间内运行时，禁止学习司机驾驶轨道作业车。

4.3 安全生产责任制

① 各级轨道作业车管理人员根据岗位职责认真贯彻执行国家有关劳动保护的法令和制度，对实现安全生产的要求负责。

② 轨道作业车司机应自觉遵守安全生产规章制度，确保所操作的轨道作业车使用安全。

③ 各轨道作业车管理单位必须建立健全本单位的安全生产责任制，逐级签订《安全生产责任书》，并按规定进行保存。

5

标准化作业管理

5.1 标准化作业程序标准

5.1.1 标准化作业流程

标准化作业流程图如图 5-1 所示。

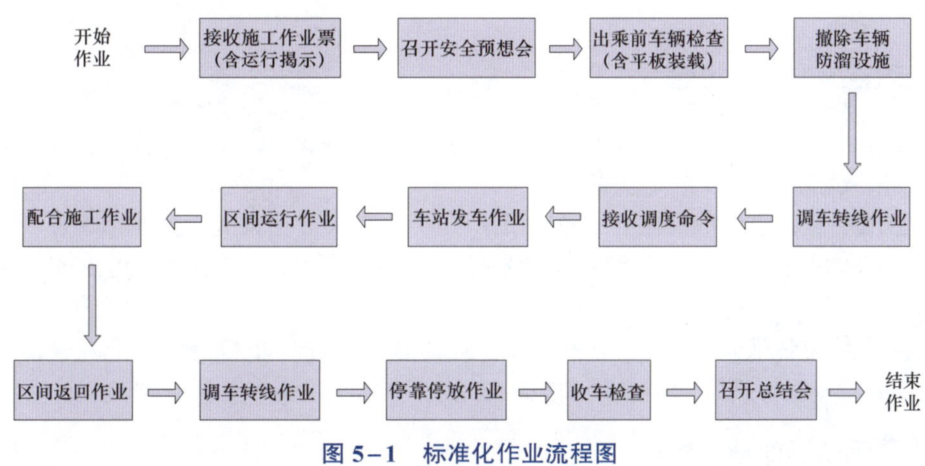

图 5-1 标准化作业流程图

5.1.2 施工作业票与运行揭示管理

1. 施工作业票管理要求

施工作业票是轨道作业车施工作业的依据，司助人员应根据施工作业票明确作业任务和安全注意事项。施工作业票应提前送至轨道作业车班组，轨道作业车班组长或主车司机未及时收到施工作业票的，可以拒绝出车作业。

2. 运行揭示管理要求

① 工程项目部负责接收铁路局集团公司的运行揭示调度命令，并按铁路局集团公司运行揭示调度命令管理部门相关管理要求做好交接、签认工作。

② 工程项目部施工负责人将运行揭示调度命令（包括储存数据的专用 U 盘和打印好的纸质版运行揭示调度命令）随同当日施工作业票一并交给轨道作业车班组长。如果当日无运行

揭示调度命令，应在施工作业票中注明。

③ 轨道作业车班组长接收到运行揭示调度命令后，会同主车司机一并将数据文件载入轨道作业车的 GYK 中，并共同核对确认载入的运行揭示调度命令正确无误，做好记录。

④ 轨道作业车班组长负责与施工负责人沟通，保证及时收到、载入运行揭示调度命令。如果轨道作业车司机未收到运行揭示调度命令或在施工作业票中未注明运行揭示调度命令事项的，司机有权拒绝出车。

⑤ 在作业前的安全预想会上，班组人员根据签收的运行揭示调度命令的内容有针对性地做好安全预想，明确限速时间、区段及相关要求。

⑥ 因特殊原因不能打印运行揭示调度命令时，值乘司机必须在《轨道作业车工作日志》上全文抄写。对于与本次作业有关的信号、闭塞、线路、限速值、限速区段及改变列车行车路径的施工，必须清楚行车办法和注意事项。

⑦ 接到车站调度命令后，由正、副司机共同核对确认运行揭示内容与调度命令是否一致。如果内容不一致，司机应及时与行车部门联系，确定运行揭示和调度命令内容无误后方可发车。

⑧ 在轨道作业车运行途中，遇须取消 GYK 设备运行揭示数据文件控制时，轨道作业车司机以列车调度员发布的行车调度命令为依据，解除相应 GYK 设备运行揭示数据文件的控制，并做好记录。

5.1.3 组织召开安全预想会

① 轨道作业车班组长依据施工作业票的相关内容及要求，组织召开安全预想会，安全预想会应做好相关记录，并按规定保存。

② 安全预想会对班组成员进行工作分工，分工时要求责任到人。全面预想分析轨道作业车运行及作业中可能存在的危险源、安全隐患，针对危险源、安全隐患提出安全防范控制措施。

③ 安全预想会必须做到“六清楚”，即作业内容清楚，行车范围、作业环境清楚，司助人员分工清楚，相互协调配合清楚，安全风险因素清楚，防范卡控措施清楚。

5.1.4 出乘前轨道作业车检查

① 出乘前，轨道作业车司机应参照《轨道作业车出车前检查标准》的要求执行，对整列轨道作业车进行静态和动态检查，前、后端两动力车司机自本车开始，围绕本车组同步检查。对本车组防溜设施撤除情况、底盘及平板装载是否侵限等要进行自检与互检。

② 出乘前全车检查完毕后，在《轨道作业车工作日志》上填写检查情况，技术状况符合出车条件后方可施工作业。

5.1.5 转线调车作业

1. 出车前调车作业

1）调车作业基本原则

① 司机应熟悉站场线路、信号机位置等站场设施，严格执行调车相关规定，并遵守所在车站《铁路行车工作细则》等相关要求。

② 调车作业计划要清，动车目的要明确，调车作业中严格执行车机联控、呼唤应答和一次出乘等作业标准。

③ 调车作业前，根据与车站确定的调车作业计划，由班组长组织召开安全预想会，明确调车方案和安全注意事项。

④ 调车时，司机应根据车站值班员或调车指挥人员布置的作业方案、注意事项进行调车作业，必须做到：调车计划不清、信号（指令）显示不清、随意变更计划或股道不清、未联控或联控不彻底时，立即停车；变更作业计划，必须停车传达。

⑤ 调车作业过程中，GYK、列车无线调度通信设备应全程运转，严禁擅自关机或变相关机。将 GYK 设为调车模式。

⑥ 当调车人员不足 2 人时，不准进行调车作业。

2）调车作业

① 调车作业严格执行车站调车作业计划和安全预想会要求，由专人统一指挥。

② 调车作业计划下达后，中途不得随意变更。特殊情况需变更调车作业计划时，应由班组长将变更内容向有关人员传达清楚，再开始调车。

③ 调车作业前，班组长应指定专人撤除防溜、防护设施，检查各车连挂及物料装载情况，司机在确认无误后做好记录。

④ 调车作业进路首架调车信号机前，正副司机应在停车状态下执行“探头手比、呼唤应答”确认制度，停车位置距前方信号机不足 10 m 且瞭望不清时，副司机应下车确认，并注意避让邻线列车。

⑤ 轨道作业车推进运行前要先试拉，司机必须在推进方向的前端操纵，副司机携带列车无线调度手持通信设备及手持信号在推行车辆运行前端引导，司机应时刻注意引导人员显示的信号，遇信号显示不明、显示不正确或无显示时，应立即采取减速或停车措施。严禁跨区间推进运行。

⑥ 调车作业时，要严格控制速度，不得超速。在空线上调车，牵引运行时速度不得超过 40 km/h，推进运行时速度不得超过 30 km/h。在尽头线调车，距线路终端应留有 10 m 的安全距离，遇特殊情况安全距离必须小于 10 m 时，副司机须下车指挥，严格控制速度，车速不得超过 3 km/h。

⑦ 摘车时，应由本车副司机负责，并严格执行“一关前后折角塞门、二摘风管、三提钩”的作业程序。

⑧ 推进轨道作业车连挂时，要显示十、五、三车距离信号，若没有显示十、五、三车距离信号的，不准挂车；若没有司机回示，应立即显示停车信号。在被挂轨道作业车前，必须两度停车，连挂人员负责检查车钩及风管，确认良好后方可挂车。

⑨ 单机挂车时，因司机视线不受影响，所以调车指挥人员可不显示十、五、三车距离信号；使用无线调车灯显设备时，可不发出十、五、三车距离信号。

⑩ 在轨道作业车走行中摘挂时，禁止司机进入道心；摘挂风管时，不准司机双足同时进入道心。

⑪ 挂车时，没有连挂妥当，不得撤除被挂轨道作业车防溜设施。摘车时，必须做好停留轨道作业车防溜措施，之后方可摘开车钩。

⑫ 在调车作业中，单机运行或牵引轨道作业车运行时，前方进路的确认由司机负责；推

进轨道作业车运行时，前方进路的确认由调车指挥人或副司机负责，当调车指挥人或副司机所在位置确认前方进路有困难时，可指派调车组其他人员确认。

⑬ 没有看到调车指挥人或副司机的起动信号，不准动车（但单机返岔或机车出入段时，可根据扳道员显示的道岔开通信号或调车信号机显示的允许运行信号动车）。无扳道员和调车信号机时，调车指挥人或副司机确认道岔开通正确（如为集中操纵的道岔，还须与操纵人员联系）后，向司机显示起动信号。

⑭ 在有手扳道岔的站内调车时，应认真执行“要道还道”制度。

⑮ 在超过 2.5‰ 坡度的线路上进行调车作业时，应有安全措施。没有采取好防溜措施，不得摘挂轨道作业车。

2. 收车后调车作业

1）调车作业基本原则

① 司机应熟悉站场线路、信号机位置等站场设施，严格执行调车相关规定，并遵守所在车站《铁路行车工作细则》等相关要求。

② 调车作业计划要清，动车目的要明确，调车作业中严格执行车机联控、呼唤应答和一次出乘等作业标准。

③ 调车作业前，根据与车站确定的调车作业计划，由班组长组织召开安全预想会，明确调车方案和安全注意事项。

④ 调车时，司机应根据车站值班员或调车指挥人员布置的作业方案、注意事项进行调车作业，必须做到：调车计划不清、信号（指令）显示不清、随意变更计划或股道不清、未联控或联控不彻底时，立即停车；变更作业计划，必须停车传达。

⑤ 调车作业过程中，GYK、列车无线调度通信设备应全程运转，严禁擅自关机或变相关机。将 GYK 设为调车模式。

⑥ 当调车人员不足 2 人时，不准进行调车作业。

2）调车作业

① 调车作业严格执行车站计划，由专人统一指挥。

② 调车作业计划下达后，中途不得随意变更，特殊情况需变更时，应由班组长将变更内容向有关人员传达清楚，再开始调车。

③ 调车作业前，班组长应指定专人撤除防溜设施，检查各车连挂情况，司机确认后做好记录。

④ 轨道作业车推进运行前要先试拉，司机必须在推进方向的前端操纵，副司机携带列车无线调度手持通信设备及手持信号在推行车辆运行前端引导，司机应时刻注意引导人员显示信号，遇信号显示不明、显示不正确或无显示时，应立即采取减速或停车措施。严禁跨区间推进运行。

⑤ 调车作业时，要严格控制速度，不得超速。在空线上调车，牵引运行时速度不得超过 40 km/h，推进运行时速度不得超过 30 km/h。在尽头线调车，距线路终端应留有 10 m 的安全距离，遇特殊情况安全距离必须小于 10 m 时，副司机须下车指挥，严格控制速度，车速不得超过 3 km/h。

⑥ 调车作业时，要严格控制速度，不得超速。在空线上调车，牵引运行时速度不得超过 40 km/h，推进运行时速度不得超过 30 km/h；在尽头线调车时，距线路终端应留有 10 m 的安

全距离，遇特殊情况安全距离必须小于 10 m 时，副司机须下车指挥，严格控制速度，车速不得超过 3 km/h。

⑦ 摘车时，应由本车副司机负责，并严格执行“一关前后折角塞门、二摘风管、三提钩”的作业程序。

⑧ 推进轨道作业车连挂时，要显示十、五、三车距离信号；若没有显示十、五、三车距离信号，不准挂车；若没有司机回示，应立即显示停车信号。在被挂轨道作业车前，必须两度停车，连挂人员负责检查车钩及风管，确认良好后方可挂车。

⑨ 单机挂车时，因司机视线不受影响，所以调车指挥人员可不显示十、五、三车距离信号。使用无线调车灯显设备时，可不发出十、五、三车距离信号。

⑩ 在轨道作业车走行中摘挂时，禁止司机进入道心；摘挂风管时，不准司机双足同时进入道心。

⑪ 挂车时，没有连挂妥当，不得撤除被挂轨道作业车防溜设施。摘车时，必须做好停留轨道作业车防溜措施，之后方可摘开车钩。

⑫ 在调车作业中，单机运行或牵引轨道作业车运行时，前方进路的确认由司机负责；推进轨道作业车运行时，前方进路的确认由调车指挥人负责，当调车指挥人所在位置确认前方进路有困难时，可指派调车组其他人员确认。

⑬ 没有看到调车指挥人的起动信号，不准动车（但单机返岔或机车出入段时，可根据扳道员显示的道岔开通信号或调车信号机显示的允许运行的信号动车）。无扳道员和调车信号机时，调车指挥人确认道岔开通正确（若为集中操纵的道岔，还须与操纵人员联系）后，向司机显示起动信号。

⑭ 在有手扳道岔的站内调车时，应认真执行“要道还道”制度。

⑮ 在超过 2.5‰ 坡度的线路上进行调车作业时，应有安全措施。没有采取好防溜措施，不得摘挂轨道作业车。

⑯ 调车作业完毕后，停放轨道作业车须按规定做好防溜措施。

5.1.6 车站发车作业

1. 既有线车站发车作业

① 发车前须确认行车凭证，由本务机司乘人员（或班组长）负责接收传达调度命令，并针对调度命令内容中的列车车次、停车地点、到达车站的时刻、限速、封锁范围等运行条件在《轨道作业车工作日志》上做好记录。

② 司机依据调度命令、运行揭示内容和轨道作业车位置情况，按照《轨道车运行控制设备 GYK 使用手册》，正确输入“运行监控记录装置”的有关数据。根据运行方向，及时切换机车信号上下行方向，正副司机例行呼唤应答，确认机车信号接码情况。

③ 发车时，本务司机（或班组长）和副司机共同确认出站信号显示，确认发车信号或发车表示器正确；确认发车进路道岔开通。按规定进行车机联控，确认正确无误后鸣笛动车；轨道作业车起步要平稳，应减少不必要的冲击和振动。副司机立岗执行“彻底瞭望、确认信号、准确呼吸、手比眼看”，确认出站信号、进路表示器显示正确。

④ 动车后，司机、副司机相互配合，进行后部瞭望，确认后部轨道作业车、物料装载及作业组人员情况，例行呼唤应答，司机报点，运行至预定的对标点按压“开车”键对标，按

道岔标号限速运行。

⑤ 出站后，例行呼唤应答，确认各仪表显示、地面信号显示正确，副司机坐下记点。

2. 工程线发车作业

① 发车前须确认行车凭证，由本务机司乘人员（或班组长）负责接收传达行车凭证，并针对行车凭证内容中的列车车次、停车地点、到达车站的时刻、限速、封锁范围等运行条件在《轨道作业车工作日志》上做好记录。

② 发车时，本务司机（或班组长）和副司机共同确认发车进路道岔开通；按规定进行车机联控，确认正确无误后鸣笛动车；轨道作业车起步要平稳，应减少不必要的冲击和震动。副司机立岗执行“彻底瞭望、确认信号、准确呼唤、手比眼看”，确认出站信号、进路表示器显示正确。

③ 动车后，司机、副司机相互配合，进行后部瞭望，确认后部轨道作业车、物料装载及作业组人员情况，例行呼唤应答。

④ 出站后，例行呼唤应答，确认各仪表显示状态。

⑤ 轨道作业车在工程线上施工时，必须开启 GYK 监控设备。

⑥ 轨道作业车在工程线上施工时，站内按所在线路规定速度运行，没有限速规定时运行速度不得超过 20 km/h；推进运行时运行速度不得超过 15 km/h 且必须有副司机引导，并加强瞭望，密切注意行人、车辆、料具、线路情况，发现状况应及时停车并处理。

⑦ 在出站和施工结束返回车站前（包括站内转线、调车），司机要使用电台或其他有效通信设备与车站（驻站联络员）提前联系，在得到道岔线路开通的指令后，司机必须在距所经过道岔前不小于 10 m 处停车，下车对岔尖、岔心及线路开通指向再次进行确认，确认无误后方可通过道岔，运行速度不得超过 5 km/h，并做好相应记录。

⑧ 轨道作业车在区间运行时，速度不得超过 30 km/h。推进运行时，速度不得超过 15 km/h（所在线路有要求时按要求执行），并由副司机引导；在限速区段，严格按限速令限速行驶，并加强瞭望，密切注意行人、料具、障碍物、钢轨接缝等线路通行情况，根据实际情况适当降低车速，多鸣喇叭，严禁超速。

⑨ 在夏季高温季节施工的过程中，要密切观察和了解线路的涨轨情况，发现涨轨要立即停车，并向有关部门汇报进行处理，防止事故发生。

⑩ 在线路曲线半径小、超高大及长大坡道的里程位置，严禁在曲线外轨超高大于 120 mm 的区段进行分解、连挂作业。在坡道上进行连挂作业时，要坡下轨道作业车挂坡上轨道作业车，挂车前要停车确认，严格控制速度。

⑪ 施工结束后，轨道作业车要连挂集中停放，按规定做好防溜、防护、防火、防盗工作，尽量避免在隧道内（桥梁）或在距隧道口（桥梁）小于 500 m 处长时间停留、过夜。

5.1.7 区间运行作业

1. 既有线区间运行作业

① 运行中要集中精力，谨慎驾驶，不做与行车无关的事项，要做到“彻底瞭望，确认信号，准确呼唤，手比眼看”（两人或两人以上确认信号）；严格执行安全行车相关规定，杜绝臆测行车，严守限速；遇有信号显示不明或危及行车安全时，立即采取减速或停车措施。

② 运行中严禁关闭发动机或空挡惰力运行；严禁在轨道作业车运行中开门；严禁司机在

运行中将身体探出车外。应随时观察线路和牵引装载情况并按规定鸣笛；应注意各仪表显示是否正常，适时检查列车主管贯通状态；注意异响、异味，发现异常立即减速停车。

③ 通过车站、道口、桥梁、隧道、曲线、路堑、施工地段时，必须鸣笛。遇有危及行车和人身安全的情况时，应立即停车。在进入隧道时，应提前开大灯并鸣笛。

④ 天气不良时应严格执行天气不良运行办法，密切监视地面信号显示，掌握运行速度。

⑤ 运行中应正确使用 GYK，严禁擅自关机或变相关机。当换端操作时，要及时按规定转换开关位置。

⑥ 轨道作业车运行中应正确使用制动机，适时进行制动机试验，检验列车制动力大小，尤其在长大下坡道时，应防止超速。

⑦ 当轨道作业车故障或因其他原因在区间被迫停车不能继续运行时，按照轨道作业车故障（事故）应急救援处置预案处理。

⑧ 进站临时停车时，必须严守规定的进站速度，严格按停车位置停车，并保持全列制动；制动停稳后，使轨道作业车保持制动状态；停车期间发动机若熄火，必须做好防溜措施；司机应坚守岗位，严禁擅自离开轨道作业车。

⑨ 在中间站会让列车超过 5 min 后，副司机下车检查走行部、制动系统的状态和轴箱温度，确认有无漏油、漏水、漏风情况，确认物料的装载情况；吊车司机下车检查吊车支腿、锁定油缸有无自行掉落的情况。下车检查时应有专人防护，当邻线有车通过时不得在邻线侧下车检查。

⑩ 当停车超过 20 min 或摘挂车作业后、发车前，应按规定进行制动机简略试验，发车条件具备后方可缓解列车制动。

⑪ 轨道作业车按调度命令要求进入封锁区间后，按施工作业票要求在停车地点停车、在分解地点分解。

2. 工程线区间运行作业

① 运行中要集中精力，谨慎驾驶，不做与行车无关的事项，要做到“彻底瞭望，确认信号，准确呼唤，手比眼看”；严格执行司乘人员呼唤应答制度；加强前后联系，认真执行鸣笛回示制度；严格执行安全行车相关规定，杜绝臆测行车，严守限速；遇有信号显示不明或危及行车安全的情况时，立即采取减速或停车措施。

② 运行中严禁关闭发动机或空挡惰力运行；严禁轨道作业车开门运行；严禁司机在运行中将身体探出车外。应随时观察线路和牵引装载情况并按规定鸣笛；应注意各仪表是否正常，适时检查列车主管贯通状态；注意异响、异味，发现异常应立即减速停车。

③ 通过车站、道口、桥梁、隧道、曲线、路堑、施工地段时，必须鸣笛。遇有危及行车和人身安全的情况时，应立即停车。在进入隧道时，应提前开大灯并鸣笛。

④ 天气不良时应严格执行天气不良运行办法，掌握运行速度。

⑤ 运行中应正确使用 GYK，严禁擅自关机或变相关机。当换端操作时，要及时按规定转换开关位置。

⑥ 轨道作业车运行中应正确使用制动机，适时进行制动机试验，检验列车制动力大小，尤其在长大坡道时，应防止超速。

⑦ 当轨道作业车故障或因其他原因在区间被迫停车不能继续运行时，按照设备故障（事故）应急救援处置预案处理。

⑧ 临时停车时，严格按停车位置停车，并保持全列制动；制动停稳后，使轨道作业车保持制动状态；停车期间发动机若熄火，必须做好防溜措施；司机应坚守岗位，严禁擅自离开轨道作业车。

⑨ 停车超过 5 min 后，副司机下车检查走行部、制动系统的状态和轴箱温度，确认有无漏油、漏水、漏风情况，确认物料的装载情况；吊车司机下车检查吊车支腿、锁定油缸有无自行掉落的情况。下车检查时，应有专人防护；当邻线有车通过时不得在邻线侧下车检查。

⑩ 当停车超过 20 min，或摘挂车作业后、发车前，应按规定进行制动机简略试验，发车条件具备后方可缓解列车制动。

⑪ 当轨道作业车按调度命令进入封锁区间后，按施工作业票要求在停车地点停车、在分解地点分解。

5.1.8 配合施工作业

1. 分解连挂作业

① 轨道作业车分解时，要按计划分解，本车副司机负责风管、车钩的摘解，分解作业时要做好防护，不得侵入邻线限界；分解轨道作业车须严格执行“一关前后折角塞门，二摘风管，三提钩”的作业标准，后车副司机对停留轨道作业车做好防溜措施。

② 轨道作业车连挂时，应执行“一停、二检、三引、四挂、五试拉”的作业程序。

③ 在施工作业票规定的连挂地点进行连挂（连挂地点应选在视线良好、线路平直地段），只允许一车向另一车接近，不得两车相对运行；轻车挂重车，坡下车挂坡上车，严禁顺坡连挂；作业车司机加强联系，确认被挂轨道作业车停留位置，被挂轨道作业车运行到指定停车地点后严禁擅自动车。

④ 接近被连挂轨道作业车时，昼间以鸣笛（禁鸣区除外）、夜间以开闭大灯相互示意。被连挂轨道作业车应派人下车进行引导，并准确显示十、五、三车距离信号，在距被挂车 10 m 前、2 m 处两度停车，接近被连挂轨道作业车时运行速度不得超过 5 km/h，遇有天气不良等情况，应适当降低速度；没有显示十、五、三车距离信号的不准挂车，没有司机回示的应立即显示停车信号。

⑤ 担当本务机的副司机，确认车钩状态良好后方可显示连挂信号，以不超过 3 km/h 的速度平稳连挂，试拉良好后连接风管并确认车钩、制动软管和折角塞门状态良好。

⑥ 轨道作业车连挂时，连挂前不得解除被连挂轨道作业车的制动及防溜措施。只有当确认连挂良好且充风试闸后，方可解除制动及防溜措施。

⑦ 特殊情况，例如因通信中断导致连挂车与被连挂车联系不上时，连挂车应以不超过 20 km/h 的速度运行，运行中加强瞭望，随时联系，做好随时停车的准备。

⑧ 连挂好后，由本务机进行全列制动试验，确认制动性能良好后。报告施工负责人，得到施工负责人指示后方可返回。

2. 吊装作业

1）吊装作业安全要求

① 起重吊装作业必须严格执行“十不吊、八严禁”制度。

② 当立杆作业车作业时，必须有专人指挥。

③ 副司机进行吊装作业时，主车司机必须在旁边监督指导，作业结束前不得离开。

④ 一般情况下，立杆作业车司机只对指定的指挥人员发出的信号做出反应。但是对于停止信号，不管是谁发出的，在任何时候均应服从。

⑤ 当立杆作业车在作业中出现危及施工及行车安全的故障时（比如卷扬机溜钩，锁定缸或者支腿垂直油缸自由下落等），应在故障解决后再作业。

⑥ 当邻线有列车通过时，应暂停作业，并立即检查确认立杆作业车及重物都不得侵入限界，待列车通过后再继续作业。

⑦ 立杆作业车作业时，必须打开力矩限制器，并选择正确的工况。力限器显示的数值仅供参考，不得作为起重作业的依据。

⑧ 吊起重物时，司机不允许离开工作岗位。

⑨ 操作应平稳、和缓，严禁猛拉、猛推、猛操作。

⑩ 在作业场地有架空高压线或在电气化铁路区段作业时，起重臂与高压线或接触网的距离应根据高压线的电压确定，应保持在安全距离以上。必须坚持一杆一落臂，严禁吊臂不复位运行。

⑪ 立杆作业车不准打锁定油缸运行。

⑫ 司机必须熟练掌握应急装置的操作及立杆作业车的应急处理方法，每个月必须对应急装置进行一次保养和试运转。

2）吊车十不吊

① 超过额定载荷、歪拉斜挂不吊。

② 指挥信号不明、质量不明、光线暗淡不吊。

③ 吊索和附件捆扎不牢、不符合安全要求不吊。

④ 行车吊挂重物直接进行加工时不吊。

⑤ 起重机械的安全装置失灵时不吊。

⑥ 工件上站人或工件上有浮动物时不吊。

⑦ 氧气瓶、乙炔发生器等具有爆炸性的物品不吊。

⑧ 带有棱角、块口、未垫好的不吊。

⑨ 埋在地下的物件不吊。

⑩ 干部违章指挥不吊。

3）吊车八严禁

① 严禁人员站在起吊区域内或从吊起的货物下钻过。

② 严禁站在死角和敞车车帮上。

③ 严禁站在被吊物件上。

④ 严禁用手校正吊高 0.5 m 以上的物件。

⑤ 严禁用手脚伸入吊起的货物下方直接取放垫衬物。

⑥ 严禁重物下降时快速重放。

⑦ 严禁用起重机拉动车辆和撞击重物。

⑧ 严禁在路基松软的场地上起吊。

4）支腿操作

① 吊装作业前，根据起重量、作业环境、线路超高及坡道等情况正确使用锁定油缸及支腿，严格按“额定起重量表”的要求执行。

② 吊装作业打支腿时，垂直支腿的承力面下应加垫木，承载后不得下沉；支腿支好后，整机应保持在水平状态。

③ 当曲线有外轨超高时，立杆作业车作业要慎用液压支腿。在曲线上操作支腿，不得使曲线内侧轮缘下端高出线路轨面，以防落下时脱轨。当外轨超高大于 120 mm 时，必须有相应的防止脱轨的安全措施才可以使用液压支腿。

④ 当不打支腿进行起重作业时，必须使用锁定油缸。

⑤ 吊装作业时，严禁操作支腿手柄。如需调整支腿，必须将重物放下，吊臂位于正前方或正后方，再进行调整。

5）起升操作

① 起升操作应平稳，在确认卷扬筒停止转动后，方可进行转换操作。

② 起吊较重物件时，应将物件吊离地面约 200 mm，检查制动、系物绳、整机稳定性、支腿状况等，发现异常现象应放下重物，进行检查。

③ 起吊物件的重量不得超过额定起重量；暂停作业时，应将物件落地。

④ 当起重量有可能接近额定起重量时，必须先将重物稍微升起，检查其稳定性，确认安全后方可将物件吊起。

⑤ 卷扬筒上的钢丝绳圈数，在任何吊重情况下不得少于 3 圈。

6）伸缩操作

① 进行吊臂伸缩时，应同时操作起升机构，注意保持吊钩的安全距离，防止吊钩过卷。

② 吊臂伸缩操作应低速、平稳进行，不允许带载伸缩。特殊情况需要带载伸缩时，严格执行本机使用说明书的相关规定。

7）回转操作

① 从吊臂的原始状态开始，首先将吊臂向前伸，使第二节臂尾部缩至基本臂最外边缘以内，才能进行吊臂的回转操作。

② 在起吊重物完全离开地面之前，不得进行回转操作。

③ 进行回转操作时，应充分考虑力矩的变化，应符合额定起重量要求，防止因力矩突然增大造成吊车倾翻。

④ 在吊物回转到指定位置之前，应先缓慢收回操作杆，使物件缓慢停止回转，避免突然制动，使物件产生摆动。

⑤ 在起吊较重或长大物体时，回转前，应逐个检查支腿工况，避免个别支腿发软或地面不良而造成事故，并遵守低速运转的原则。

⑥ 严禁在起吊物摆动状态下回转。起吊较重或长大物件回转时，须在物件两侧系牵引绳，防止物件摆动。

3. 安装调整作业

① 轨道作业车运行到达施工地点后，司机按照调度命令规定的时间、地点、封锁范围，以及施工作业票安排的作业内容，配合施工人员进行作业，严禁超范围运行、作业。

② 站场施工中，当轨道作业车需要转线折返道岔时，必须按规定进行换端操作。单机推进必须副司机引导，调车信号机前必须一度停车，确认道岔状态良好后，司机凭副司机引导信号动车。

③ 施工中听从施工负责人指挥，密切注意施工人员动态及周围环境，轨道作业车起步平

稳、停车准确。

④ 当对轨道作业车进行分解作业时，要按计划分解，后车副司机负责风管、车钩的摘解。分解轨道作业车时应做好防护，相关人员不得侵入邻线限界。分解轨道作业车时须严格执行“一关前后折角塞门，二摘风管，三提钩”的作业标准，并对停留轨道作业车做好防溜措施。

⑤ 在区间作业时，司机与平台操作人员应使用专用对讲设备联系，指令不清禁止动车；副司机时刻注意作业平台的每一个动作，发现异常应报告司机立即停车。作业时，最高行驶速度不得超过 10 km/h，且不得急速起停车。

⑥ 作业平台的使用：

- 作业平台应指定专人操作，平台操作人员必须经培训合格后方可上岗。
- 在双线区段或站场内操纵作业平台转动时，严禁向邻线侧转动。
- 在操纵作业平台时，平台操作人员应先与司机联系，得到司机答复后再操纵；在平台动作之前，应按下电铃提醒作业人员注意。
- 在使用作业平台的过程中，操作人员应加强联系、密切配合。
- 夜间作业时，应将双面防护灯打开。
- 作业完毕后，作业平台所有开关必须置中立位，司机、副司机须确认作业平台及其附件复位正确，安全护栏锁闭良好。

作业平台使用注意事项如下：

① 在接触网带电区段，严禁作业平台升起，同时严禁作业平台上人。

② 操纵作业平台升降时，应先确认梯上是否有人，有人时不能升降。

③ 作业平台不得超载，回转中心承重不得大于 1 000 kg，前端承重不得大于 300 kg。

④ 在外轨超高区段作业时，作业平台和抓轨器的使用按说明书规定执行，严禁超标准使用。当使用抓轨器时，不得边作业边行走。

⑤ 在外轨超高 70 mm 及以上区段作业时，应特别注意作业平台的倾斜角度，倾斜角度过大可能造成物件坠落和人员站立不稳，构成人身伤害。

⑥ 遇有六级以上大风、暴雨、大雪和大雾等恶劣天气时，应停止作业。

⑦ 在区间作业时，停车时必须实施保压制动，轨道作业车运行中严禁人员上下，在无渡板或无栏杆的桥梁上严禁人员上下。装卸材料作业时，严禁边走边卸，卸下的物品不得侵入本线及邻线限界。在双线作业时，严禁将物料卸在两线之间。

⑧ 在双线进行“V 停”天窗作业时，所有人员禁止从未封锁线路侧上下轨道作业车。在区间作业时，应打开作业平台 V 停锁，禁止作业平台向邻线侧转动。当邻线有列车通过时，应提前停止作业，并使作业平台在远离邻线侧避让，列车通过后方可继续作业。

⑨ 司机要按照调度命令，严格控制作业时段，及时提醒施工负责人轨道作业车返回时间。

4. 恒张力放线作业与落锚作业

1）放线作业

① 将低速运行方向开关置于“放线”位，走行调速旋钮对准 20%～30% 的位置，缓解急停按钮，放线车开始起步，逐步调节走行调速旋钮，使放线车以 2～6 km/h 的速度行驶，中途尽量不要停车；在曲线区段，应降低速度。

② 作业平台上的操作人员通过遥控器调整接触网恒张力放线车拨线机构的高度和拨线

量，将导线与承力索用放线滑轮固定。

③ 尾线补偿作业：当放线盘上线索快放完时（剩 2 圈以上，但还未到达落锚地点），放线车应停车，压紧张力盘上的压线滚轮，将手扳葫芦一端固定在放线架底架上，另一端用紧线器卡紧在线索上，扳动手扳葫芦，拉紧尾线，松掉线盘压力后剪断放线盘上的剩余线索；将尾线卷扬机控制开关置于“排线”位，排出钢丝绳到足够的长度后，将钢丝绳上的网套连接器与张力盘上的线索连接在一起，在其连接端部用ϕ2～4 mm 的铁丝穿进网套，并在线索上缠绕 3～5 圈后用老虎钳拧紧，至少应拧紧 2 处 4 个点；操作尾线绞车把钢丝绳收紧后试拉，稍微松开压线滚轮，放线车继续以 1 km/h 左右的速度运行，直至落锚点停车。注意，此时张力盘上的线索还应剩余至少 2 圈，以免线索与网套连接器出现意外松脱事故。

2）落锚作业

① 恒张力放线车停在下锚补偿装置与承力索或接触导线的连接处，作业平台的立柱与连接处对准，作业平台向落锚连接方向回转 90°。

② 作业平台上，操作人员用大绳将补偿装置提升到平台上，将紧线器套在杵环杆上，用遥控器将放线车上的拨线机构向下锚侧转动，使承力索或接触导线接近锚柱，并将放线张力加大到锚段额定值。

③ 将紧线器另一端套在承力索或导线前方的合适位置，挂上手扳葫芦，放线车拨线装置停止动作，然后点按触摸屏上的“停止”按钮，放线盘及张力盘制动。

④ 落锚处工作人员将下锚补偿装置与线索连接，并进行紧线。随着落锚葫芦拉紧，张力值逐渐降低。当下锚坠砣升到规定的高度后停止紧线，通知恒张力车司机彻底解除线索张力。

⑤ 根据通知要求，放线车司机操纵Ⅰ号或Ⅱ号张力机构控制开关至“排线”位，使张力机构反转，使线索完全松弛下来。作业平台上操作人员将线索在标记处剪断，把承力索的锲形线夹或接触线的终端锚固线夹装上，然后通过绝缘子和补偿装置连接。

⑥ 落锚完毕后，松开调直器，放线车张力机构进行收线作业，将多余线收回；同时牵引绳与导线或承力索做好接头，把牵引绳引到下一盘接线处。

⑦ 将放线车各拨线机构恢复到中位并降低到最低位置后锁定；将各放线盘横移机构复位后锁定；将导向柱降到最低位置后锁定。作业平台复位后，将护栏放倒，使之不影响行车。

⑧ 将低速走行控制开关置于“摘挡”位置，使低速走行马达摘挡，操纵台上“Ⅰ－Ⅳ轴连挂走行”绿色指示灯点亮后，将开关置于“中立”位置，才能允许与其他动力轨道作业车连挂高速运行。

5. 平车推行作业

① 单机推进时，必须副司机引导，调车信号机前必须一度停车，确认道岔状态良好后，司机凭副司机引导信号动车。司机必须在推进方向的前端操纵，副司机在前方引导，不得跨区间推进运行。副司机引导时要注意运行前方情况，发现异常立即显示停车信号，通知司机停车。

② 推进运行时，速度不得超过 15 km/h（所在线路有要求时按要求执行），并由副司机引导。在限速区段，严格按限速令限速行驶，并加强瞭望，密切注意行人、料具、障碍物、

钢轨接缝等情况，根据情况适当降低车速，多鸣喇叭，严禁超速，发现异常及时停车并处理。

5.1.9 区间返回作业

1. 正向返回进站作业

① 司机要及时和车站（驻站联络员）联系，服从车站值班员的行车命令，根据调度命令内容，将返回封锁公里标、运行车次等数据输入运行监控装置。

② 在返回途中，接近预告信号机时及时与车站进行车机联控，司机、副司机确认信号机的开放状态，按信号显示要求进站。

③ 引导接车时，轨道作业车凭引导信号或引导手信号（特定引导手信号除外）以不超过 20 km/h 的速度进站或通过接车进路，并做好随时停车准备。

2. 反向返回进站作业

① 司机要及时和车站（驻站联络员）联系，服从车站值班员的行车命令，根据调度命令内容，将返回封锁公里标、运行车次等数据输入运行监控装置。

② 在返回途中，接近预告信号机时及时与车站进行车机联控，司机、副司机确认信号机的开放状态，按信号显示要求进站。

③ 正进反出（正向进入区间施工，反方向回来）和反进正出（反方向进入区间施工，正方向回来），跟正常区间作业操作相同，只是输入的参数（交路号、车站号，公里标等）不一样，具体如下。

正进反出：进入区间时，和平常进入（半自动闭塞）区间施工输入一样。从区间返回时，按压“区间作业”“区间返回”按钮，输入返回车次、当前公里标（当前轨道作业车实际停车位置）、进站公里标（区间返回车站的反方向进站公里标）和返回限速。

反进正出：在站内处于停车状态时，按压“设定”按钮，输入反方向车站编号（或交路号），确认参数后，按压“区间作业”按钮，在按“区间进入”按钮并确认后，输入参数（出站公里标必须输入本站的反方向出站公里标）并确认。当信号开放后，运行到反方向出站信号机，按压“开车”按钮即可进入区间施工。

④ 引导接车时，轨道作业车凭引导信号或引导手信号（特定引导手信号除外）以不超过 20 km/h 的速度进站或通过接车进路，并做好随时停车准备。

5.2 行车安全装备使用规范

5.2.1 GYK 操作作业标准

1. 一次出乘流程图

一次出乘流程图如图 5-2 所示。

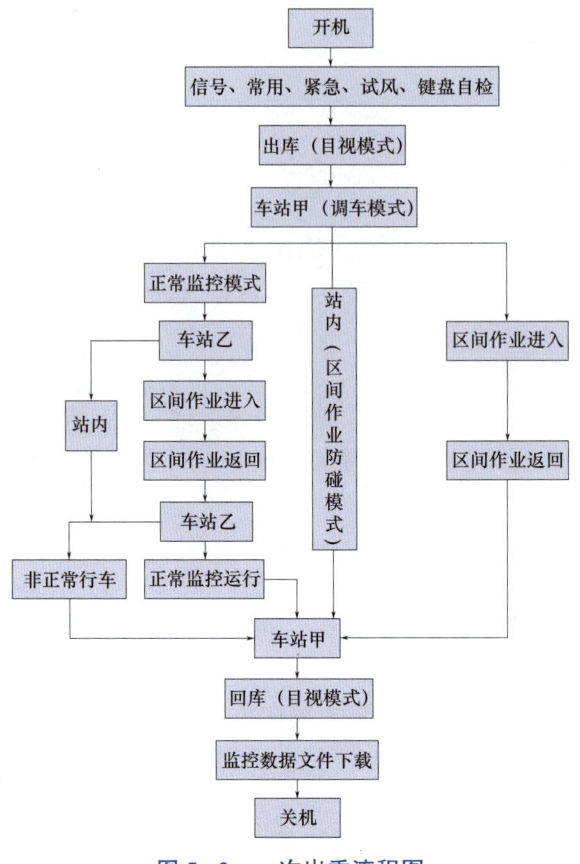

图 5–2　一次出乘流程图

2. 开机

① 闭合轨道车（作业车）总电源开关，闭合 GYK 主机电源开关，30 s 后进入 GYK 系统界面，DMI 显示目视行车模式。GYK 在每次开机的过程中都会自动检测各个单元，如果有故障会在进入系统后自动报警。开机后，当设备处于初始化状态时，不能进行换端操作。

注意事项

① GYK 紧急放风阀为失电放风。GYK 关机时，紧急放风阀处于放风状态；闭合 GYK 电源开关，紧急放风阀自动关闭。在起动发动机但未打开 GYK 的情况下，应将自动制动阀手柄置于制动位。

（2）轨道作业车若长时间停放，可能造成关机延时不足 10 s。下次开机后，如果 DMI 界面显示“UPS 供电不足”，则再次关机，延时 10 s 后再开机，则不再提示。

② 换端操作。

GYK 主机连接两个 DMI 时，其中一个 DMI 有操作权，另一个 DMI 无操作权。需要换端操作时，按压“车位/3” + “开车/7”键夺权。注意，换端操作必须在停车状态下进行。

注意事项

① 停车换端交权、夺权注意事项：作业车停车后且列车管减压量大于 80 kPa，方可进行

交权或夺权操作。

② 当 GYK 主机只连接一个 DMI 时，禁止进行操作权的切换。假如切换为无权，显示器会发出“嘀嘀……”声报警，需重启 GYK 才能恢复正常。

③ 时间设定。开机后检查日期、时间是否正常（时钟误差不得超过±30 s）。如果时间有误，依次按压“设定”键、“6 时间”键，输入密码（西铁密码：1234，创联密码：9991），确认后按“↓”键更改日期、时间，完成后按压“确认”键，按“0 返回”键即可。

3. 设备自检

轨道作业车两端 GYK 在出车前都必须进行信号自检、常用自检、紧急自检、键盘自检操作。

自检操作：

① 按压“查询”键出现查询操作界面。

② 选择“设备自检/6”后，按“确认”键，依次自检“1 信号自检”“2 常用自检”“3 紧急自检”“5 键盘自检”，自检完成后按压“0 返回”键确认，返回运行界面。

4. 运行揭示输入

作业车司机、副司机每天按规定签收运行揭示后，使用专用 U 盘直接将运行揭示导入 GYK，内容包括：临时限速、绿色许可证、路票、区间作业、线路里程断链等信息。遇无法用 U 盘直接导入时，由司机人工输入。

提示：因 GYK 不能接收时间为 24:00 的输入，所以当运行揭示中有 24:00 的时间时，应输入次日 00:00:00。

注意事项

① 非操纵端自动制动阀手柄应置于手柄取出位（H–6 型为保压位）。

② 紧急自检、常用自检时，总风缸压力表指针一直在减小或者指针不停的在左右摆动，说明 GYK 保压阀功能失效。

③ 常用自检，DMI 显示管压大于 380 kPa 和紧急自检 DMI 显示管压大于 50 kPa 时，自检不通过，按压“缓解”键无效。需要重新起动，方可缓解。

④ 进行常用自检、紧急自检、造成列车管排风制动后，1 分钟后会自动缓解。

⑤ 若自检有故障，必须修复后方可出车。

5. 出库

① **出库模式选择：**轨道车（作业车）出库时应选择目视行车模式。

② **出库作业操作：**依次按压数字“模式/5”“2 目视行车”“确认”键进入目视行车模式，速度不能大于或等于 20 km/h，每运行 150 m 或 30 s 监控报警，司机按压“警惕”键解除报警。此模式周期性地报警，须司机按压“警惕”键解除报警。停车状态下，选择进入另外一种控制模式时则退出该模式。

注意事项

① 只有在停车状态下才能进入目视行车模式。

② 正常监控模式（目视行车）状态、区间作业返回模式（目视行车）状态受机车信号变化控制。

③ 目视行车模式下，机车信号变化 GYK 仅有语音提示，但不控制；防溜逸控制功能有效，警醒功能关闭。

6. 调车作业

① 调车模式是轨道作业车在站内封锁施工或在车站进行转线等调车作业时使用的固定限速模式。有“牵引”“推进”“连挂”三种状态。

② 选择进入另外一种控制模式时则退出当前模式。在停车状态下按压“调车”键 2 s 可退出调车模式，进入目视行车模式。

③ 限速值：牵引 40 km/h，推进 30 km/h，连挂 5 km/h。

④ 模式控制：GYK 按模式限速曲线控制轨道作业车运行；防溜逸控制功能有效，警醒功能关闭；机车信号变化时，GYK 虽有语音提示，但仍按调车模式限速。

注意事项

① 进入、退出调车模式及进行调车状态切换须在停车时进行。

② 进入调车模式，主窗口不显示车站信息及公里标，屏幕上方公里标窗口显示的公里标保持不变，继续向前运行，公里标保持进入调车模式前的增加趋势，距离窗口显示的距离从 0 开始增加。进入调车模式后，如果切换工况运行，公里标变化趋势与切换前相反，距离从 0 开始递减，显示负公里标。

7. 出车前 GYK 参数设定

① 轨道作业车转线调车到站内停车后，按压“调车”键 2 s 以上，退出调车作业模式，进入“目视行车”模式。依次按压“设定”键、“↓”键，输入“车次”“交路”与“车站号”，再输入“公里标”选项（对照站名表输入本车站上下行出站信号机公里标），然后依次按压“→”“确认”键。

注意：输入参数时，必须一人读，一人输，共同核对。

② 输入临时限速时，要确认运行线路上下行方向，在 GYK 参数中上下行选项有“0 上行”“1 下行”“2 上/下行”3 种选择。

8. 发车准备

1）正向发车操作

当车站给出发车信号后（侧线双黄灯，正线黄灯或者绿灯，无法接收信号的特殊区段须转换按压上下行键 2 s，强制转换上下行方向），出站时速度不能大于或等于监控显示的限速值，运行至正线与出站信号机平齐时，按压“开车/7”键对标，过出站道岔后限速提高至线路允许的最高限速值。如果出站提示有支线方向，并且需要走支线，司机必须按压“车位/3”+“半自闭/2”键，输入支线号后按压“确认”键。当支线号输入错误时，重新选择正确的支线即可；若输入支线号后，要退出输入的支线，只需要在支线号窗口输入“0”即可。

2）反方向行车操作（全自闭区间）

① 如果在站内接收到调度命令，车站通知使用反方向运行时，司机在停车状态下，按压“设定”键，输入反方向车次、交路以及车站号（反方向车站代号在站名表里可以找到），再输入反方向出站公里标，然后依次按压“→”键、“确认”键，即可进入反方向行车（半自动闭塞控制，区间接收不到信号）。当信号开放后，按正常信号限速发车，到反方向出站信号机

前按压“开车/7”键。

② 如果接收不到信号，车站让使用非正常行车（路票行车或者绿色许可证）发车时，司机输入反方向参数后，按压“模式/5”键，然后从“5 非正常行车”、“2 绿色许可证”或“3 路票行车”中根据实际情况做选择，输入参数后按压“确认”键，进入非正常行车模式。当车站通知发车后，司机按压“解锁”+“确认”键，进行解锁出站，出站速度不能超过监控显示的限速值。

9. 运行

① 轨道作业车运行时，将 GYK 设置为正常监控模式，在固定、临时限速地段，GYK 按限速模式控制，防止超速。

② 轨道作业车担当补机任务时，应将 GYK 转为补机状态；轨道作业车担当本务牵引任务时，须立即转为本务状态。

③ 在正常监控模式和区间作业进入或返回模式行车，当轨道作业车速度大于 20 km/h 时，如果运行 2 min 没有任何操作，GYK 启动警醒控制，开始声光报警，司机必须按压“警醒”键解除报警，否则监控认为司机睡着了，13 s 后实施紧急制动。

1）监控显示的当前公里标与实际不符时的控制

如果发现监控显示的当前公里标与实际线路公里标不符，司机应以下规定操作：

① 当误差小于 500 m 以下时，在运行到与线路实际整公里标平齐时，按压“自动校正/8”键校正。

② 当误差大于或等于 500 m 小于 1 000 m 时，在运行到与线路实际整公里标平齐时，按压“车位/3”+“1 向前”键或者“车位/3”+“向后/6”键校正。

③ 当误差大于或等于 1 000 m 时，运行中按压“公里标/0”键，输入前方马上将要到达的实际公里标（如 355 km+200 m 则输入 355.200），按压“确认”后右侧对标灯亮，当运行至与前方设定的位置平齐时按压“开车/7”键即可校正。

2）机车信号红黄灯掉码时的控制

① 当机车信号由红黄灯掉码为红灯时（HU 码转无码的红灯），GYK 按信号关闭对轨道作业车的运行监控，输出语音提示“红灯停车，5、4、3、2、1”，DMI 屏幕显示倒计数提示，7 s 内允许司机按压“警惕”键解除紧急停车控制，HU 灯停车曲线不变；7 s 内不按压“警惕”键则实施紧急制动。

② 当机车信号变为有码红灯时，GYK 按信号关闭对轨道作业车运行的监控，无语言提示，直接输出紧急制动命令。

3）机车信号变为白灯的控制

① 当机车信号由绿灯、绿黄灯变为白灯时，控制轨道作业车在 1 400 m 内停车。

② 当机车信号由黄灯、黄 2 灯、黄 2 灯闪变为白灯时，控制轨道作业车在 700 m 内停车。

停车后提供解锁条件，司机按规定按压“解锁”键后，GYK 进入正常监控（目视行车）模式。当机车信号变为进行信号时，GYK 按正常监控模式控制。

4）机车信号异常控制

机车信号由进行信号变为灭灯、多灯时，控制轨道作业车在 700 m 内停车。

注意事项

① 当机车信号显示异常时，司机应立即停车，报告车站值班员、列车调度员，接到继续运行至前方站内停车的调度命令后，将 GYK 转为目视行车模式，严格按地面信号机的显示要求，操纵轨道作业车以规定的速度运行至前方站停车处理。

② 在运行途中，当机车信号、GYK 发生故障时，司机应立即使用列车无线调度通信设备报告车站值班员或列车调度员，并根据实际情况掌握运行速度，控制列车运行至前方站停车处理。在自动闭塞区间，列车运行速度不得超过 20 km/h；当列车无线调度通信设备发生故障时，司机应在前方站停车并报告。

5）信号突变控制

① 当黄灯、双黄灯变为红黄灯，且自变灯后 100 m 或 5 s 内无绝缘节信号，则按信号突变控制；若在 100 m 或者 5 s 内有绝缘节信号，则按停车信号控制。

② 当绿灯、绿黄灯变为红黄灯时，GYK 按信号突变控制。

信号突变控制方式：GYK 发出“信号突变停车，5、4、3、2、1”语音报警，司机确认地面信号机显示允许信号，在 7 s 内按压“警惕”键解除信号突变报警和紧急停车控制，按停车信号控制；若 7 s 内未按压“警惕”，则实施紧急制动。

停车后提供解锁条件，允许司机按压“解锁”键解锁。司机按规定操作后，GYK 进入正常监控（目视行车）模式。当机车信号变为进行信号时，GYK 按正常监控模式控制。

注意事项

① 轨道作业车从车站正线出发，出站信号机显示黄灯，机车信号设备显示黄灯，轨道作业车越过出站信号机后，机车信号变为红黄灯。此时，如未接收到绝缘节信号，则 GYK 发出“信号突变”语音报警，并“5、4、3、2、1”倒计时。

② 轨道作业车进车站正线停车，进站信号机显示黄灯，机车信号设备显示黄灯，轨道作业车越过进站信号机后，机车信号变为红黄灯。此时，若未接收到绝缘节信号，GYK 发出“信号突变”语音报警，并“5、4、3、2、1”倒计时。

6）临时限速区段控制

轨道作业车接近限速区段距限速点 1 000 m 时，GYK 语音提示“距离限速区段（1 公里），减速运行”，进行限速控制。当轨道作业车越过限速地段后，GYK 语音提示“限速结束”。

7）地面移动减速信号牌与调度电话通知的限速事项不一致时的控制

轨道作业车运行途中严格在限速模式曲线的控制下运行。遇地面移动减速信号牌与列车无线调度电话通知的限速值、限速地点不一致时，司机须按导向安全原则，以最低限速值和最长限速距离控制轨道作业车运行，并立即向就近车站值班员报告，并转报列车调度员，做好记录。

8）进站前的控制

① 当 GYK 基本数据中增加了自动闭塞区间进站信号机和进站信号机前第一架通过信号机的位置信息时，可在进站信号机前第一架通过信号机位置进行信号机位置对标，分为人工校正和自动校正。

② 如果在进站信号机前机车接收到红黄灯信号，则禁止解锁操作，此时按压“解锁”键

GYK 会提示“输入无效”。

③ 如果在进站前收到提示“有支线方向”，并且需要走支线，司机必须按压“查询”键+“↓”键，然后再按压“确认”键。如果无任何操作，则默认走本交路。

（1）侧线停车

若轨道作业车运行到前方站的预告信号机时接收到侧线停车双黄灯信号，则从预告信号机开始逐渐降速，700 m 后降速至 33 km/h。当轨道作业车运行过进站信号机后，如果信号从双黄灯变为白灯（过道岔），则司机只能限速 33 km/h 运行 700 m。如果在过反向发车绝缘时收到红黄灯信号，当司机运行至最后的 200 m 以内，并且将速度降至 20 km/h 以下时，按压“解锁”键，自动转入目视行车模式，限速 20 km/h，运行 150 m。每运行 150 m，监控报警一次，司机必须按压“警惕”键解除报警，重复“报警”，按“警惕”键，直到运行至站中心停车。如果信号开放，收到发车信号后，GYK 自动退出“目视行车”模式，按正常限速出站。如果转线到其他股道发车，则进入“调车作业”，转线完成后按压“公里标/0”键，输入当前车站出站公里标，确认后，运行到与正线出站信号机平齐位置，按压“开车/7”键即可。

（2）正线停车

若轨道作业车运行到前方站的预告信号机时接收到正线停车单黄灯信号，从预告信号机开始逐渐降速，700 m 后降速至 60 km/h。当轨道作业车运行过进站信号机后，如果收到停车红黄灯信号，则监控司机限速 60 km/h，运行 500 m 后停车，当司机运行 300 m 后，在剩余的 200 m 内必须将速度降到 20 km/h 以下，按压“解锁”键，自动转入“目视行车”模式，在最后的 150 m 内会周期性报警，须在报警后按压“警惕”键运行至站中心停车。如果信号开放，收到发车信号后，GYK 自动退出“目视行车”模式，按正常出站限速出站。如果需要转线到其他股道发车，则进入“调车作业”模式，转线完成后按压“公里标/0”键，输入当前车站出站公里标，确认后，运行到与正线出站信号机平齐位置，按压“开车/7”键即可。

9）区间施工作业

轨道作业车进入封锁区间或车站进行作业的控车模式为区间作业模式。该模式具有五种状态：区间作业进入、区间作业返回、区间作业防碰、区间作业编组、5 km/h 连挂。设置区间作业模式前，应先在正常监控模式下调用 GYK 数据。当支线转移时，应先选择支线号，再输入作业参数。

（1）区间进入

在站内停车状态下，按压“设定”键、输入车次、交路、车站，输入完成后依次按压“→”键、“确认”键，然后依次按压“区间作业”键、“1 区间进入”键、“确认”键，输入调度命令（车站未给时则输入 11111）、车次（进入区间作业的上下行车次）、起始公里标（车站未给时则输入本站出站公里标）、终点公里标（车站未给时则输入区间作业前方进站公里标）、区间限速（车站未给时则输入最高限速）、作业限速（车站未给时则输入最高限速）、出站公里标（本站出站公里标），输入完成后按压“确认”键进入区间作业模式，信号开放后按出站限速运行出站，运行到与正线出站信号机平齐时按压“开车/7”键对标，一直运行到区间施工地点，转换工况区间来回施工。

区间施工完成后，如果需要直接进入前方车站，则在停车状态下直接按压“正常”键进入正常监控模式，按信号限速正常进站。

（2）区间返回

区间施工完成后，如果需要返回前方车站，则在停车状态下依次按压“区间作业”键、“区间返回”键、“确认”键，输入返回车次、当前公里标（当前轨道作业车实际停车位置）、进站公里标（区间返回车站的进站公里标）、返回限速（区间返回限制速度）返回时，在区间按压一下“上下行”键，如果在返回到进站机前时接收到信号，则按正常进站控制进站；如果没接收到信号，则在进站信号机前 200 m 以外停车，确认进站信号机显示允许信号后，按压“解锁”键，自动转入正常目视行车模式，速度不超 20 km/h 进站，进站过程中 GYK 周期性报警，须在报警时按压“警惕”键解除，直至运行进入站内。

10）反方向区间作业（全自闭区间）

正进反出（正向进入区间施工，反方向回来）和反进正出（反方向进入区间，正方向回来），跟正常区间作业操作相同，只是输入的参数（交路号、车站号、公里标等）不一样。

（1）正进反出

进入区间时，和平常进入（半自动闭塞）区间施工的输入一样。从区间返回时，依次按压“区间作业”键、“区间返回”键，输入返回车次、当前公里标（当前轨道作业车实际停车位置）、进站公里标（区间返回车站的反方向进站公里标）和返回限速。

（2）反进正出

在站内停车状态下，按压“设定”键，输入反方向车站编号（或交路号），确认参数后，按压“区间作业”键，再按压“区间进入”键确认后，输入参数（出站公里标必须输入本站的反方向出站公里标），确认参数无误后，当信号开放时，运行到反方向出站信号机，按压“开车”键即可进入区间施工。

（3）区间返回方法

① 依次按压“区间作业”键、“区间返回”键，输入返回车次、当前公里标（当前轨道作业车实际停车位置）、进站公里标（区间返回车站的进站公里标）和返回限速，确认后返回。

② 使用正常监控返回，在停车状态下，先按压“正常”键退出区间作业模式，然后按压“设定”键，输入车次（区间返回车次）、交路、车站号（返回车站的后方车站号）后，按压“→”键确认后，再按压“公里标/0”输入当前公里标（轨道作业车现在所在位置），确认参数无误后，按压“开车/7”键即可按正常信号控制进站。

11）回库操作

返回车站后，在停车状态下，按压“调车”键进入调车作业模式，到库内停车后，按压“调车”键 3 s 以上，退出调车作业模式。

12）提取运行数据操作

回到库内后，不要关机，在 DMI 显示屏的 USB 口接入专用转储 U 盘，等待 30 s 左右会弹出转储窗口，依次按压“转储运行数据”键，“确认”键，按压“↑”键、“↓”键选择要转储的文件，按压“上下行”键将左侧窗口选中的文件移动到右侧窗口，移动完成后，按压“设定”键开始将选择好的文件导入 U 盘中，转储完成后按压“确认”键退出，拔出 U 盘，然后关机。

13）关机

关断主机电源，UPS 延时约 15 s 后自动关机。关机后再次开机，间隔时间必须大于 30 s，以保证设备正常工作。(注意：若 GYK 关闭无延迟，则请及时通知生产技术部报修。)

14）GYK 技术数据的管理

① 在轨道作业车运行途中，“三项设备”必须全程运转，不得擅自关机或将隔离手柄置于“故障”位。对擅自关闭“三项设备”的人员，公司将严肃处理。

② 轨道作业车运行途中若发生常用制动放风或紧急制动放风等 GYK 故障，司机应按规定操作制动机，并对放风时间、地点、原因等做好记录，在作业结束后主动向机械队汇报。

③ 严禁司机擅自对“三项设备”上的铅封破封，若运行中发生故障必须破封，则须将破封情况记入《轨道作业车工作日志》内，收车后向机械队汇报，由机械队安排人进行修复并及时加封。

④ 司乘人员不得擅自修改GYK设备管理参数。如遇特殊情况必须修改时，要及时与GYK设备管理人员联系，在 GYK 设备管理人员的指导下修改。

15）GYK 监控装置简单故障排除方法

GYK 监控装置简单故障排除方法如表 5-1 所示。

表 5-1 GYK 监控装置简单故障排除方法

常见故障	故障原因	排除方法
管压为 0	轨道作业车本身无风	给轨道作业车列车管充风
	紧急管道截断塞门关闭	打开紧急管道截断塞门
	压力传感器插头接触不良	检查并接好线路
	压力传感器故障	更换压力传感器
开车后速度为 0	速度传感器插头接触不良	检查并接好插头
	速度传感器故障	更换速度传感器
打开监控装置开关，监控装置无反应	轨道作业车电源未打开	打开轨道作业车电源开关
	监控主机上的开关未打开	打开监控主机上的开关
	主机或配线盒上的保险烧坏	更换保险
	连接轨道作业车的电源线接触不良	检查并接好电源线
开机后，喇叭无声音	音量开得太小	调节音量按钮
	扬声器线未接好，或插头接触不良	检查并接好线路
	扬声器故障	更换扬声器
机车信号不上码	Ⅰ/Ⅱ端，上/下行选择有误	正确选择上下行接收信号
	“前进”“后退”设置有误	重新设置“前进”或“后退”
	股道为“无码股道”	选择地面信号确认模式
	机器与主机的连接松动、脱落	检查并接好线路
	机车信号感应器线圈损坏	更换机车信号感应器线圈

5.2.2 电台操作作业标准

列车无线调度通信设备（含机车综合无线通信设备 CIR、无线列调机车电台）安装设备使用说明书的相关规定及操作规范执行。

5.2.3 作业视频监控操作作业标准

作业视频安全监控装置按照设备使用说明书的相关规定及操作规范执行。

5.3 制动机试验规范

1. H–6 型制动机

1）H–6 型制动机“三步闸”检验示意图

H–6 型制动机“三步闸”检验示意图如图 5–3 所示。

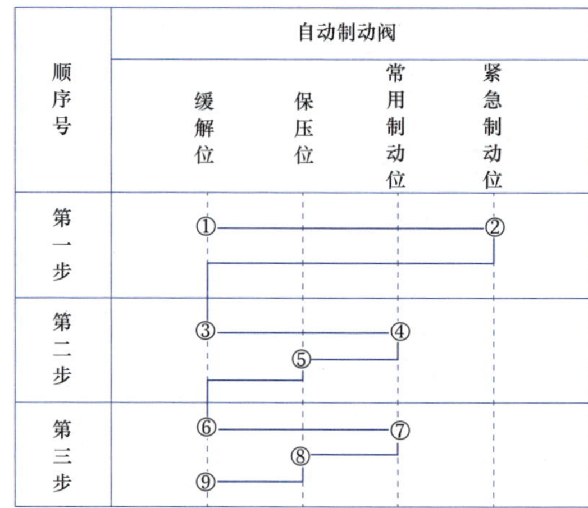

图 5–3 H–6 型制动机“三步闸”检验示意图

2）H–6 型制动机“三步闸”检验项目及操作标准

（1）第一步

① 缓解位。

A：列车管压力为 500 kPa。

B：均衡风缸压力为 500 kPa。

C：总风缸压力为 700～800 kPa。

② 紧急制动位。

A：列车管减压是否迅速，要求在 3 s 内列车管压力降为 0。

B：均衡风缸在 12 s 内压力降为 0。

C：在紧急制动位停留 15 s。

（2）第二步

①（恢复）缓解位。

1 min 内均衡风缸、列车管、总风缸恢复规定压力。

② 常用制动位。

A：使均衡风缸、列车管减压 50 kPa。

B：确认均衡风缸、列车管减压是否一致。

C：制动缸处于制动状态。

③ 保压位。

A：检查列车管泄漏不应超过 20 kPa/min。

B：在保压位保持 1 min 以上。

（3）第三步

①（恢复）缓解位。

30 s 内总风缸、列车管、均衡风缸、制动缸达到定压。

② 常用制动位。

A：自动制动阀施行最大有效减压（主管定压 500 kPa 时最大有效减压量为 140 kPa）。

B：不得出现非常制动现象。

C：确认均衡风缸、列车管压力是否一致。

D：确认制动缸压力是否达到 350 kPa。

③ 保压位。

A：均衡风缸压力、列车管压力、制动缸压力与最大有效减压量相符。

B：不得出现自缓现象。

C：检查制动缸行程，应符合规定。

④ 缓解位：各压力表恢复状态①，确认缓解是否良好。

2. JZ-7 型制动机

1）JZ-7 型制动机“五步闸”检验示意图

JZ-7 型制动机“五步闸”检验示意图，如图 5-4 所示。

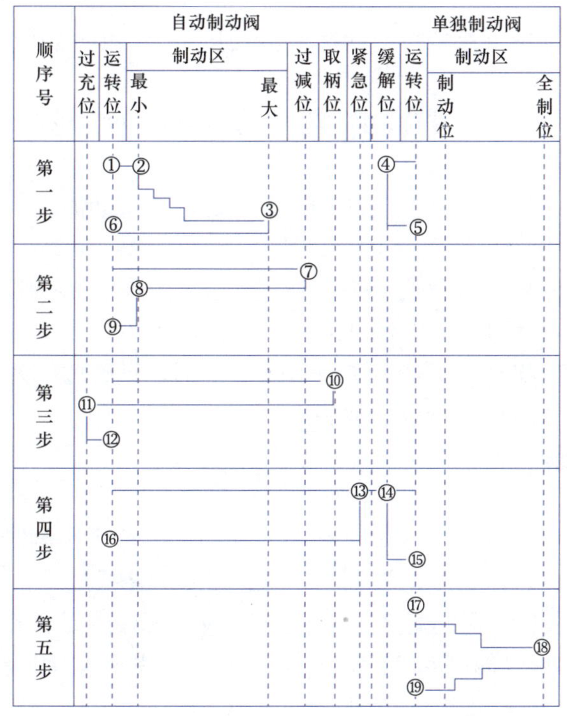

图 5-4 JZ-7 型制动机“五步闸”检验示意图

2）JZ-7 型制动机“五步闸”检验项目及操作标准

做制动机试验前先确认各压力表指示的压力：总风缸压力为 700～800 kPa，均衡风缸及列车管压力为 500 kPa，制动缸压力为 0。客货车转换阀置于货车位，单、自阀手柄置于运转位。

（1）第一步

① 自阀手柄从运转位移至制动区最小减压位，列车管减压 50 kPa，制动缸压力为 125 kPa，检查列车管泄漏量，其压力下降每分钟不超过 20 kPa。

② 自阀手柄由最小减压位在制动区移动 3～4 次，观察阶段制动是否稳定，减压量与制动缸压力的比例是否正确；至最大减压位时，列车管减压量应为 140 kPa，制动缸压力应为 340～360 kPa。

③ 单阀手柄从运转位移至缓解位，检查单阀是否缓解良好，应能缓解至 50 kPa 以下。

④ 单阀手柄从单缓位回至运转位，检查复原弹簧是否良好。

⑤ 自阀手柄从最大减压位移至运转位，检查自阀缓解是否良好，工作风缸及列车管是否恢复定压。

（2）第二步

① 自阀手柄从运转位移至过减位，均衡风缸及列车管减压 240～260 kPa，制动缸压力为 340～360 kPa，不应发生紧急制动。

② 自阀手柄从过减位移至最小减压位，均衡风缸压力上升，而列车管压力保持不变，检查总风遮断阀是否作用良好（客货车转换阀在货车位）。

③ 自阀手柄从最小减压位移至运转位，检查缓解是否良好。

（3）第三步

① 自阀手柄从运转位移至取柄位，均衡风缸减压量为 240～260 kPa，列车管不减压，中继阀自锁良好。

② 自阀手柄从取柄位移至过充位，检查过充作用是否良好，列车管压力应比规定压力高 30～40 kPa，过充风缸排风孔排风。

③ 自阀手柄从过充位移至运转位，过充压力在 2 min 内自动消除，机车不应引起自然制动。

（4）第四步

① 自阀手柄从运转位移至紧急位，列车管压力 3 s 内降至 0，制动缸压力在 5～7 s 升至 420～450 kPa，均衡风缸减压量为 240～260 kPa，并自动撒砂。

② 单阀手柄从运转位移至缓解位，间隔 10～15 s 后，制动缸压力开始缓解，并逐渐到 0。

③ 单阀手柄从缓解位回至运转位，复原良否。

④ 自阀手柄从紧急制动位移至运转位，应缓解良好。

（5）第五步

① 单阀手柄从运转位不少于 3 次阶段移至全制动位，检查小闸阶段制动良否。

② 单阀手柄在全制位，检查制动缸压力，应达到 300 kPa。

③ 单阀手柄由全制位阶段移至缓解位，检查阶段缓解作用是否良好。

注：五步闸试验完毕后单阀制动 300 kPa，应下车检查制动缸活塞行程，确认是否符合《铁路技术管理规程》规定。

5.4 呼唤应答标准规范

1. 基本要求

① 认真执行呼唤应答“十六字”令：

“彻底瞭望”要做到：车动集中看，瞭望不间断；

“确认信号”要做到：听不清就问，看不清就停；

“准确呼唤”要做到：看准再喊，准确无误；

“手比眼看”要做到：呼唤为主，手比为辅。

② 轨道作业车出入库、转线、调车作业走行中，司乘人员必须对进路上每一架调车信号机按照“由近及远”的原则逐一进行手比呼唤确认。

③ 轨道作业车进出站、途中运行时，司乘人员必须对进出站信号机、通过信号机、预告信号机、减速信号牌、复示信号进行手比呼唤确认。

④ 车机联控呼唤应答，必须使用普通话，做到用语准确、吐字清晰。

2. 呼唤应答标准

1）手比眼看标准

① 信号显示要求正向径路准备停车（显示黄灯）时，右手拢拳，伸拇指直立，拳心向左。

② 信号显示要求侧向径路运行（显示双黄灯、黄闪黄）时，右手拢拳，伸出拇指和小指，拳心向左。

③ 信号显示要求通过（显示绿灯、绿黄灯）时，右手伸出，食指和中指并拢，拳心向左，指向确认对象。

④ 注意警惕运行时，右臂拢拳，大小臂成 90°，举拳与眉齐，拳心向左。

⑤ 信号显示要求停车（显示红灯，包括固定和临时）时，右臂拢拳，举拳与眉齐，拳心向左，小臂上下摇动 3 次。

⑥ 确认仪表显示时，右手伸出，食指和中指并拢，拳心向左，指向相关确认仪表。

2）呼唤应答程序标准

（1）第一架信号机探头确认标准：

司机：在司机座位上，打开车窗，将头探出窗外。

副司机：打开车窗，将头探出窗外。

复线区段在车站正线反方向行车时，因靠邻线侧窗户不能打开，故不执行探头确认动作，其他手比、呼唤、确认，仍按程序标准执行。

（2）手比的标准

司机：右手伸出，食指和中指并拢，拳心向左，指向被确认的对象。

副司机：左手伸出，食指和中指并拢，拳心向右，指向被确认的对象。

（3）呼唤的标准

轨道作业车检查完毕，具备运行条件后，对轨道作业车进行简略制动试验。

① 大闸减压进行制动、缓解试验时，司机与副司机进行呼唤应答：

司机呼唤：“制动。”

副司机应答：“制动。”

试闸后：

司机呼唤：“制动良好。”

副司机应答：“制动良好。”

司机呼唤：“撤除铁鞋，缓解手制动机。”

副司机应答：“铁鞋已撤除，手制动已缓解。”

② 司机与车站联控：

司机呼叫车站：“××站××车次准备完毕，请求发车。”

车站值班员应答：“××次××站××道，出站信号好了。”

司机应答：“××站××道出站信号好了，××次司机明白。”

③ 司机确认出站信号开放，司机与副司机进行呼唤应答：

副司机呼唤：“出站信号。”（同时用手势示意）

司机应答：“出站信号（绿灯、绿黄灯、黄灯）好了。”（同时用手势示意）

副司机复诵：“出站信号（绿灯、绿黄灯、黄灯）好了。”

④ 当外勤给出发车信号后，司机与副司机进行呼唤应答：

副司机呼唤：“发车信号。”

司机应答：“发车信号好了。”

副司机复诵：“发车信号好了。”

⑤ 当轨道作业车起步后，司机与副司机进行呼唤应答：

副司机呼唤：“前方注意，后部瞭望。”（同时用手势示意）

司机应答：“后部好了。”

副司机复诵：“后部好了。”

⑥ 当司机看到减速预告标时，司机与副司机进行呼唤应答：

副司机呼唤：“限速注意。”（同时用手势示意）

司机应答：“限速××km/h。”（同时用手势示意）

副司机复诵：“限速××km/h。”（同时用手势示意）

⑦ 在第一接近信号机（预告信号机）前 400 m 处，司机与车站值班员、副司机之间进行呼唤应答。

司机与车站值班员之间呼唤应答：

司机呼叫车站：“××站××次接近。”

车站值班员应答：“××次××站××道停车。”

司机应答：“××次××站××道停车，司机明白。”

司机与副司机之间进行呼唤应答：

副司机呼唤：“预告信号。”（同时用手势示意）

司机应答：“预告好了。”（同时用手势示意）

副司机复诵：“预告好了。”（同时用手势示意）

⑧ 司机看到进站信号机，司机与副司机进行呼唤应答：

副司机呼唤：“进站信号。”（同时用手势示意）

司机应答：“侧线停车（通过）。”（同时用手势示意）

副司机复诵：“侧线停车（通过）。”（同时用手势示意）

⑨ 当轨道作业车越过道岔后，司机与副司机进行呼唤应答：

副司机呼唤：“前方注意出站信号”。（同时用手势示意）

司机应答：“站内停车。”（同时用手势示意）

副司机复诵：“站内停车。”（同时用手势示意）

⑩ 司机看到连结员显示轨道作业车连挂信号后，司机与副司机进行呼唤应答：

副司机呼唤：“连挂车辆。”

司机应答：“注意速度。”

副司机复诵：“注意速度。”

⑪ 当接近被挂轨道作业车前，司机与副司机进行呼唤应答：

副司机呼唤：“一度停车。”（同时用手势示意）

司机应答：“一度停车”。（同时用手势示意）

⑫ 当轨道作业车在区间被迫停车或列车脱轨侵入邻线时，司机应立即呼叫车站：

司机呼唤：“××站××次在××km××m 处××（原因）被迫停车（或侵入邻线）。”

车站值班员应答：“××站××次在××km××m 处××（原因）被迫停车（或侵入邻线），××站明白。”

⑬ 需要机外停车时车站值班员与司机之间的呼唤应答：

车站值班员呼唤：“××次××站机外停车。”

司机应答：“××次××站机外停车，司机明白。”

⑭ 轨道作业车反方向运行时车站值班员与司机之间的呼唤应答：

车站值班员呼唤：“××次××站××道通过，出站反方向，限速××km/h”。

司机应答：“××次××站××道通过，出站反方向，限速××km/h。司机明白。”

⑮ 站内或区间限速作业时车站值班员与司机之间的呼唤应答：

车站值班员呼唤：“××次××站××道通过，站内（区间）限速××km/h。”

司机应答：“××次××站××道通过，站内（区间）限速××km/h，司机明白。”

⑯ 车站调车作业，调车信号开放后车站值班员与司机之间的呼唤应答：

车站值班员呼唤：“××次××道调车信号开放好了。”

司机呼唤：“××次××道调车信号开放好了，司机明白。”

⑰ 调车作业完毕后，司机与副司机进行呼唤应答：

副司机呼唤：“停车位置标。”（同时用手势示意）

司机应答：“准备停车。”（同时用手势示意）

副司机复诵：“准备停车”。（同时用手势示意）

⑱ 发动机熄火前，司机与副司机进行呼唤应答：

司机呼唤：“打好铁鞋，拧紧手制动，做好防护。”

副司机应答：“铁鞋已打好，手制动已拧紧，防护已做好”。

⑲ 特殊情况下的探头、手比、呼唤确认程序标准。

轨道作业车在曲线行驶看不到次一架信号机时的呼唤标准：

副司机呼唤：“信号看不见，控速运行，曲线注意。”

司机应答：“曲线注意。”

遇监控装置故障，正、副司机要对运监模式和机车信号进行手比、呼唤确认，加强瞭望，以不超过 20 km/h 的速度运行，并随时准备停车。

运行至能看到信号时的手比、呼唤的标准：

副司机：站立，左手伸出，食指和中指并拢，拳心向右，指向第一架信号机方向呼唤：“调车信号（出站信号）。”

司机：右手伸出，食指和中指并拢，拳心向左，指向第一架信号机方向呼唤：“白（绿、绿黄、黄）灯。”

副司机复诵：“白（绿、绿黄、黄）灯。”

5.5 物料吊装运输作业规范

1. 混凝土方电杆（H93）装载

一层装载加固方法示意图如图 5–5 所示。

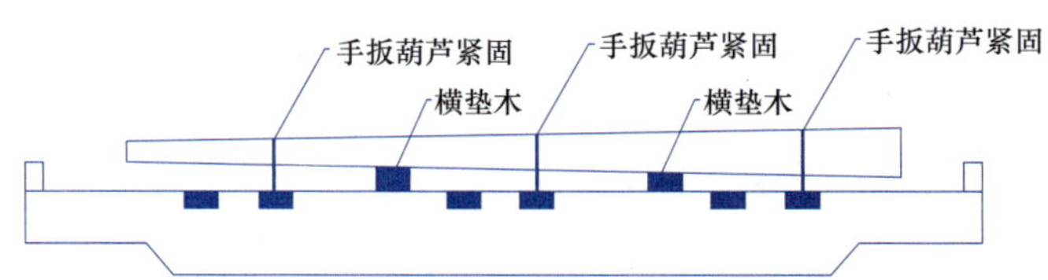

图 5–5 一层装载加固方法示意图

两层装载加固方法示意图如图 5–6 所示。

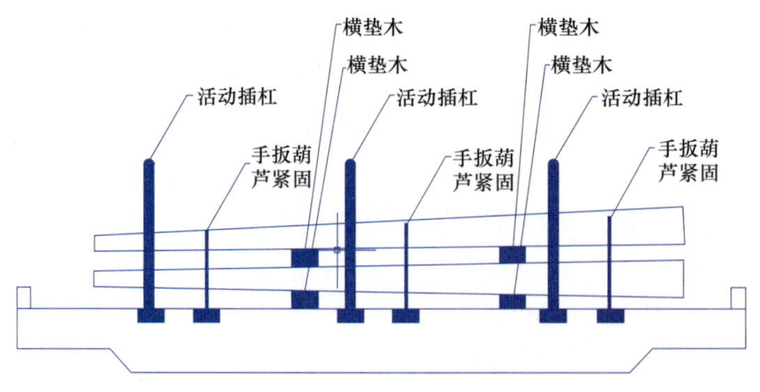

图 5–6 两层装载加固方法示意图

三层装载加固方法示意图如图 5–7 所示。

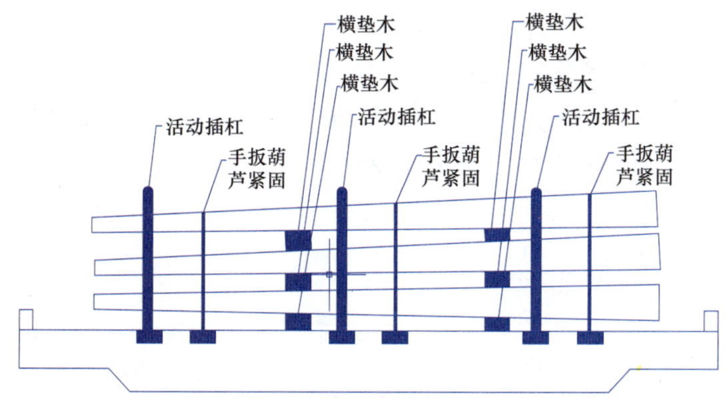

图 5-7 三层装载加固方法示意图

① **货物规格：** 长度，12 800 mm；小头截面尺寸，210 mm×400 mm；大头截面尺寸，295 mm×720 mm；质量，2.34 t。

② **准用货车：** 木地板平车。

③ **加固材料：** ϕ12 mm 钢丝绳（破断拉力不小于 73.8 kN），钢丝绳夹，3 t 手扳葫芦，8 号镀锌铁线，支柱（直径为 2 英寸的钢管或 12 号槽钢，长度 2.6～3.0 m）。横垫木（长度，2 800 mm；截面尺寸 180 mm×140 mm）。

④ **装载方法：** 在混凝土方电杆小头方向车辆枕梁上方铺垫横垫木 1 根；货物沿车辆纵中心线顺向装载 3 层，第 1 层装 9 根，第 2 层装 8 根，第 3 层装 7 根，全车装载 24 根，层间使用横垫木隔开。

注意： 大头尽量靠近端板，层与层之间依次向小头方向错开（不少于 200 mm）成阶梯状。

⑤ **加固方法：**

a）只装一层时，用手扳葫芦分三道均匀紧固。

b）只装二层时，除使用手扳葫芦紧固外，还必须使用活动插杠，每车使用 3 对活动插杠（两端、中间各 1 对）。二层装车后，用 8 号镀锌铁线 4 股将活动插杠顶端拉紧，同时用三个 3 t 手扳葫芦在三对活动插杠中间捆绑腰线。

c）只装三层时，除使用手扳葫芦紧固外，还必须使用活动插杠，每车使用 3 对活动插杠（两端、中间各 1 对）。三层装车后，用 8 号镀锌铁线 4 股将活动插杠顶端拉紧，同时用三个 3 t 手扳葫芦在三对活动插杠中间捆绑腰线。

⑥ **其他要求：** 在加固线与货物和车辆棱角接触处，使用角铁或胶皮防磨。

2. 混凝土方电杆（H170）装载

① **货物规格：** 长度，15 500 mm；大头截面尺寸，920 mm×403 mm；小头截面尺寸，300 mm×300 mm；质量，4.3 t。

② **准用货车：** 木地板平车。

③ **加固材料：** ϕ12 mm 钢丝绳（破断拉力不小于 73.8 kN），钢丝绳夹，3 t 手扳葫芦，8 号镀锌铁线，支柱（直径为 2 英寸的钢管或 12 号槽钢，长度为 2.6～3.0 m），横垫木（长度，3 000 mm；横截面，240 mm×220 mm）。

④ **装载办法：**

a）使用换长 1.3 的平板车时，须用两个平板车。一车负重，货物突出部分底面与不负重车的地板距离不小于 200 mm。

b）每车顺装 2 层，第 1 层装 7 根，第 2 层装 6 根。大头尽量靠近端板。

⑤ **加固方法：**（加固示意图可参照混凝土方电杆（H93）加固示意图）。

a）只装一层时，用手扳葫芦分三道均匀紧固。

b）只装二层时，除使用手扳葫芦紧固外，还必须使用活动插杠，每车使用 3 对活动插杠（两端、中间各 1 对）。二层装车后，用 8 号镀锌铁线 4 股将活动插杠顶端拉紧，同时用三个 3 t 手扳葫芦在三对活动插杠中间捆绑腰线。

c）只装三层时，除使用手扳葫芦紧固外，还必须使用活动插杠，每车使用 3 对活动插杠（两端、中间各 1 对）。三层装车后，用 8 号镀锌铁线 4 股将活动插杠顶端拉紧，同时用三个 3 t 手扳葫芦在三对活动插杠中间捆绑腰线。

⑥ **其他要求：**在加固线与货物和车辆棱角接触处，使用角铁或胶皮防磨。

3. 电力混凝土圆杆装载

① **货物规格：**长度，12 000 mm；小头直径，190 mm；大头直径；350 mm；质量，1.5 t。

② **准用货车：**13 m 木地板平车，15.4 m 木地板平车。

③ **加固材料：**ϕ12 mm 钢丝绳（破断拉力不小于 73.8 kN），钢丝绳夹，紧固器，8 号镀锌铁线，立柱（直径为 2 英寸的钢管或 12 号钢槽，长度为 2.6～3.0 m），辅助立柱（直径为 2 英寸的钢管或 12 号钢槽，长度为 0.6～0.8 m），凹型横垫木或普通横垫木上固定两个三角木（横垫木尺寸为 2 800 mm×180 mm×140 mm）。

④ **装载方法：**

a）圆杆小头方向在车辆底层铺垫凹型横垫木 1 根；圆杆居中纵向装载，最多 3 层，第 1 层装 9 根，第 2 层装 8 根，第 3 层装 7 根，装载总数不超过 24 根，层间使用凹型横垫木支护。

b）使用 13 m 木地板平车时，圆杆大头靠近端板；使用 15.4 m 木地板平车时，圆杆居中装载。

c）当单层未装满时，从中间向两侧装载，避免偏载。

⑤ **加固方法：**

a）每个平板车使用 3 对立柱（两端、中间各 1 对），5 对辅助立柱，并用 8 号镀锌铁线 4 股将两侧对应立柱拉紧。

b）用紧固器、钢丝绳均匀捆绑在车侧面“丁”字铁或支柱槽上。装载三层时，使用双股钢丝绳下压 4 道；装载两层时，使用双股钢丝绳下压 3 道；装载一层时使用双股钢丝绳下压 2 道。

4. 格构式钢柱装载

① **货物规格：**长度，15 000 mm；大头截面尺寸，1 400 mm×1 000 mm；小头截面尺寸，400 mm×400 mm；质量，768.7 kg。

② **准用货车：**15.4 m 木地板平车。

③ **加固材料：**ϕ12 mm 钢丝绳（破断拉力不小于 73.8 kN），钢丝绳夹，3 t 手扳葫芦，8 号镀锌铁线，支柱（直径为 2 英寸的钢管或 12 号槽钢，长度为 2.6～3.0 m）。横垫木（尺寸为 3 000 mm×240 mm×220 mm）。

④ **装载办法：**

a）在钢柱小头方向车辆底层铺垫横垫木 1 根；钢柱居中纵向装载 3 层，每层装 3 根，全车装载总数不超过 9 根，层间使用横垫木支护。

b）钢柱大头侧靠近端板，层与层间大小头颠倒摆放。

c）当单层未装满时，从中间向两侧进行装载，避免偏载。

⑤ **加固方法：**

a）只装一层时，用手扳葫芦分两道均匀紧固。

b）只装二层时，除使用手扳葫芦紧固外，还必须使用活动插杠，每车使用 3 对活动插杠（两端、中间各 1 对），二层装车后用 8 号镀锌铁线 4 股将活动插杠顶端拉紧，同时用三个 3 t 手扳葫芦在三对活动插杠中间捆绑腰线。

c）只装三层时，除使用手扳葫芦紧固外，还必须使用活动插杠，每车使用 3 对活动插杠（两端、中间各 1 对），三层装车后用 8 号镀锌铁线 4 股将活动插杠顶端拉紧，同时用三个 3 t 手扳葫芦在三对活动插杠中间捆绑腰线。

⑥ **其他要求：**在加固线与货物及车辆棱角接触部位，使用胶皮防磨。

5. 线盘装载

① **货物名称：**线盘。

② **准用货车：**木地板平车。

③ **加固材料：**3 t 手扳葫芦、钢丝绳或 8 号镀锌铁线、木楔。

④ **装载方法：**

a）采用立式捆绑的方式进行装载，使线盘整齐均匀立于平板车上。

b）线盘与线盘之间预留足够的空隙，便于作业人员通过。

⑤ **加固方法**（见图 5–8）：

a）用 2 根钢丝绳或 8 号镀锌铁线 8 股穿过线盘中心的孔，拉牵成 2 个八字形捆绑在丁字铁或支柱槽上，并用手扳葫芦将钢丝绳（镀锌铁线）拉紧（见图 5–8）。

b）用木楔将线盘两侧堵挡，用锤子敲紧木楔，使其与线盘密贴，用于阻挡线盘滚动。

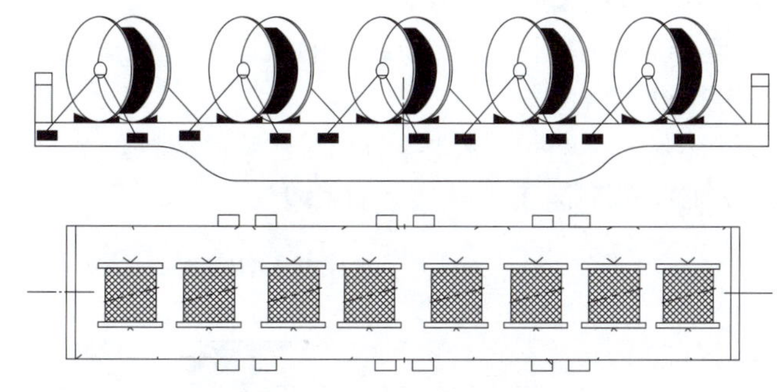

图 5–8　线盘装载加固

⑥ **其他要求：**一台平板车上具体装载数量根据线盘的大小、质量而定，所装线盘总重量不得超出平板车标定的载重量。

6. 横卧板装载

① **货物规格：**I 型横卧板外形尺寸，1 000 mm × 800 mm × 100 mm；Ⅱ型横卧板外形尺寸，1 000 mm × 600 mm × 100 mm；Ⅳ横卧板外形尺寸，1 800 mm × 400 mm × 120 mm。

② **准用货车：**

a）有端板和侧板的木地板平车。

b）无侧板的平板车，两侧支柱槽安齐插杠（三对活动插杠，长度须超过装载货物的高度，用 8 号镀锌铁线 4 股将活动插杠顶端拉紧），用厚度 60 mm 及以上、高度不超过 600 mm 的木板作为侧板，与支柱捆绑牢固。

③ **加固材料：**横垫木、3 t 手扳葫芦、钢丝绳、钢丝绳夹、8 号镀锌铁线。

④ **装载方法：**

a）每 4 个横卧板使用 8 号镀锌铁线紧固成一捆，吊装时成捆吊装。

b）货物沿车辆纵中心线顺向装载，不得超过端板，横向距车辆边缘不少于 100 mm，每垛不得超过 2 捆。横卧板应排列紧密、整齐堆码。底层使用尺寸为 2 800 mm × 100 mm × 50 mm 的横垫木。

⑤ **加固方法：**每垛横向使用 3 t 手扳葫芦或 8 号镀锌铁线 4 股捆绑腰线。

7. 散料（袋装料、支柱安装的零配件）装载

① **货物名称：**袋装料（砂子、水泥、石子等）、支柱安装的零配件。

② **准用货车：**

a）有端板和侧板的木地板平车。

b）无侧板的平板车，两侧支柱槽安齐活动插杠（活动插杠长度须超过装载货物的高度，用 8 号镀锌铁线 4 股将活动插杠顶端拉紧），用厚度为 60 mm 及以上、高度不超过 600 mm 的木板作为侧板，与支柱捆绑牢固。

③ **加固材料：**3 t 手扳葫芦及 8 号镀锌铁线。

④ **装载方法：**

a）木地板平车必须有端板、侧板，且装载高度不得超过其端板和侧板高度，侧板不得超过 600 mm。

b）坠砣、袋装料装载时应排列紧密、整齐，梯形堆码（一层压一层，两侧向中间收缩堆码）。散装料居中装载，不得在端板两侧堆放。

c）各类散料装载应遵循“从中间向两端装载”的原则，避免偏载偏重。当装载堆数为奇数时，中间货物集重不得超过 13 t。

d）每垛装载的散料（坠坨、袋装料、散装料），用 8 号镀锌铁线 6 股下压 2 道（见图 5–9）或用钢丝绳下压 1 道，捆绑在车侧面丁字铁或支柱槽上。

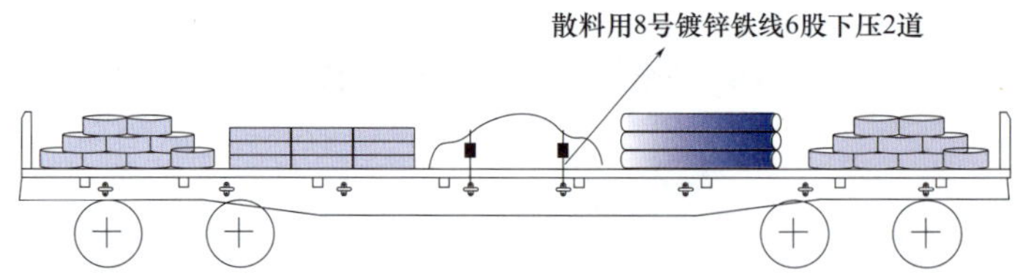

图 5–9　散料装载方法

⑤ **加固方法：**

a）对于支柱安装的零配件，用 8 号镀锌铁线集中捆绑成捆。

b）对于袋装料、支柱安装的零配件，每堆在中间使用 8 号镀锌铁线或手扳葫芦捆绑腰线。

6

轨道作业车应急专项方案

6.1　接触网作业车作业平台应急复位处理方法

接触网作业车的作业平台由底座、立柱及平台升降机构、回转驱动装置、拨线装置、导线支撑装置等组成，其结构如图 6–1 所示。

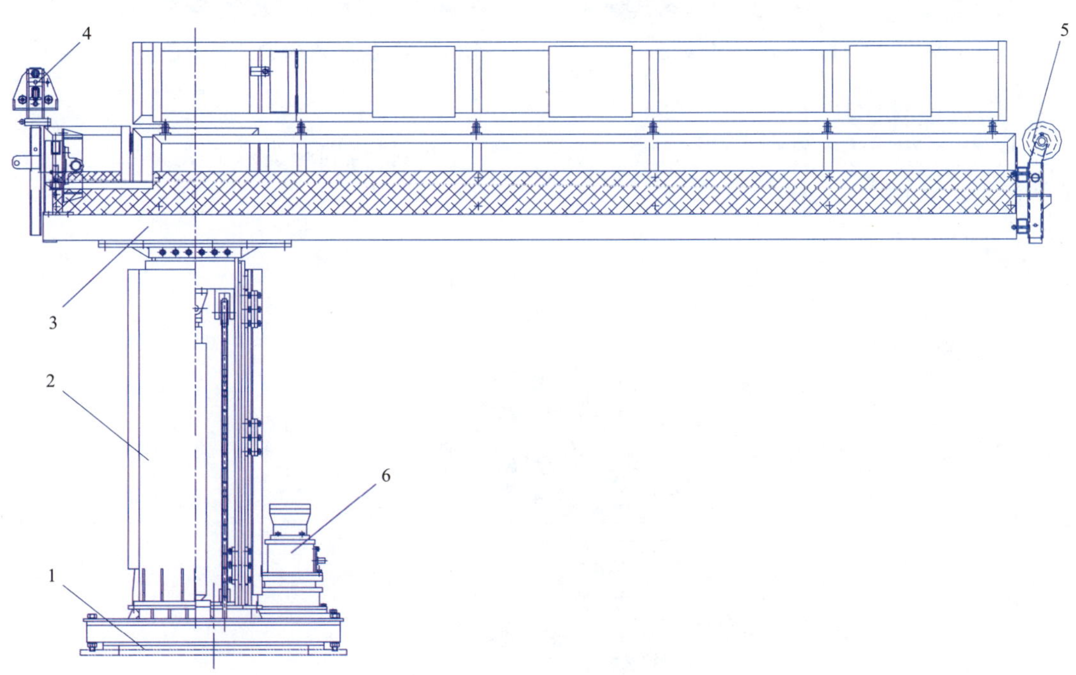

1—底座；2—立柱及平台升降机构；3—作业平台；4—拨线装置；5—导线支撑装置；6—回转驱动装置。

图 6–1　接触网作业车的作业平台的结构

1. 应急手油泵

当因动力原因或油泵本身故障造成系统不能工作时，应及时起用手油泵。

手油泵设在车棚后端，用摇把来回摇动即可向系统提供压力油（见图 6–2），使作业装置回位。在回位过程中，应操纵作业装置的相应手柄或按钮。

2. 平台紧急停止控制装置

为了防止作业平台运动失控而造成事故，液压系统中专门设置了一条紧急电控卸荷回路，与之对应的“平台急停”按钮设在平台控制面板的控制盒内。

正常情况下，紧急卸荷回路处于断开状态，系统工作不受影响。当在平台上操作时，若关闭开关后平台不能停止动作（升降回转），须立即按下控制盒内的“平台急停”按钮（见图 6–3），平台会立即停止运动。故障排除后，按照该按钮上箭头所示方向旋转该按钮即可使之复位。

图 6–2　摇动手油泵的摇把

图 6–3　控制盒内的“平台急停”按钮

3. 手动回转机构

作业平台的回转是由油马达驱动减速器，带动一个齿轮绕回转支承的大齿圈做行星运动实现的，其结构如图 6–4 所示。

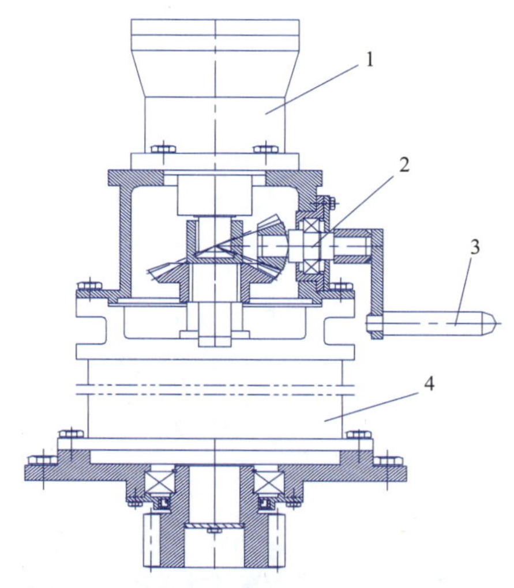

1—油马达；2—回转手动装置；3—摇把；4—减速器。

图 6–4　作业平台回转驱动装置的结构

在油马达和减速器之间，设有一套手动回转机构。在作业过程中，在作业平台超出机车车辆限界的情况下，如果液压系统出现故障而无法回位，可立即使用该手动装置，使平台回转至中位。操作步骤如下：

① 使用手油泵或调节制动油缸螺杆（见图 6–5），松开制动带。

② 拆下油马达上的油管，如图 6–6 所示。

图 6–5 调节制动油缸螺杆

图 6–6 拆下油马达上的油管

③ 使用随机配摇把连续转动手动回转装置，使平台转至中位后停下，如图 6–7 所示。

4. 平台紧急下降开关（截止阀）

如果作业平台升起后升降控制开关不能使其下降回落，且不能及时查出原因排除故障，可先将作业平台回转至中位，然后打开平台紧急下降开关，使平台回落至初始位置。

该开关设在平台回转马达的旁边，只须逐步开启其手把，即可使作业平台平缓下降，如图 6–8 所示。

图 6–7 用摇把转动手动回转装置

图 6–8 平台紧急下降开关

5. 电磁换向阀应急手动按钮

如果因电气故障或机械原因，电磁阀不能动作或者在某一位置卡死，可按动电磁阀两端的应急手动按钮，将阀芯推至需要的位置，完成复位动作后再松开。

6. 平台上旁路制动按钮

作业平台的控制台上设有旁路制动按钮。在紧急情况下，可通过按下此按钮使整车制动。故障排除后，按箭头方向旋转此按钮可自动复位。

6.2 轨道作业车脱线复轨应急处理方法

1. 起复作业

① 检查轨道作业车制动状态，做好防溜措施，JZ–7 型制动机将自阀手柄放至过减位（可防自动缓解），H–6 型制动机放紧急位后再放至保压位（可防止他车误充风缓解）。车轮按对角打好木楔或铁鞋。

② 注意轨道作业车掉道的偏移量（平时演练时偏移量设置应大于 300 mm，尽量在保证安全的前提下提高起复难度），如果偏移量较小，能一次起复到位，应合理安置复轨器，保证一次成功，缩短起复时间。

③ 起复作业操作人员应协调配合，做到紧张而不慌乱，提高起复效率。

④ 起复作业操作人员要服从现场指挥，保证起复作业顺利进行。

⑤ 轨道作业车复位后，迅速将复轨器和材料、机具撤离现场，不应遗留材料或机具，撤除防溜措施。

⑥ 司乘人员迅速检查并确认轨道作业车状态，向两端车站报告起复工作结束，要求继续行驶（说明行驶方向）。

⑦ 通知两端防护人员撤除防护器具。

⑧ 再次检查，若无遗漏问题可恢复运行。

⑨ 轨道作业车到达前方站后，应请求停车，对轨道作业车进行全面检查。

2. 相关要求

① 司乘人员要经常对随车的复轨器进行检查，保证：油泵中油量充足，无泄漏；油缸气压充足，无泄漏；复轨器附件清洁、完整。

② 平时的起复作业演练要定期进行，通过起复作业演练的形式不断提高司乘人员的起复作业技能和事故救援的组织指挥能力。

③ 司乘人员向两端车站和列车调度员报告时，要使用“车机联控”标准用语。

④ 事故发生后，司乘人员应迅速查看事故现场，检查轨道作业车的损坏程度，确定能否自救。

⑤ 起复过程中应注意油缸负荷平衡，动作同步；手摇油泵时要听从指挥，操作要平稳，防止震动和滑动，避免因复轨器损坏而延误起复工作，起复作业操作人员要随时观察和检查复轨器及车况。

⑥ 油缸升到一定的高度时，要经过多次平移使之到位，以保证安全。复位作业时速度要慢，做到平稳复轨，防止因突然降落而损坏轨道作业车，应有专人确认转向架与轮对状态。

3. 安全注意事项

① 在起复作业过程中，车底不得有人。

② 正确搬动和使用起复机具，不发生人为机具损坏。

③ 防溜措施要做到牢靠、不滑动。

④ 现场指挥人员要掌握现场总体起复情况，保证安全。

4. 起复后的检查工作

轨道作业车脱轨起复后，应立即对以下部位进行初步检查：

① **牵引部分：**检查钩舌、钩座、钩舌销等有无裂痕、变形。

② **走行部分：**按《轨道作业车管理规则》的要求检查转向架、轮对、车轴轴承箱、弹性悬挂装置、牵引杆装置等部件。

③ **转向部分：**按《轨道作业车管理规则》的要求检查前端梁、横梁、侧梁、后端梁、下拉杆座、车体侧挡、上拉杆座、轴箱侧挡。

④ **车轴齿轮箱：**检查车轴齿轮箱有无破损、裂痕、漏油。

检查并确认上述部位对行车无影响后，进行制动试验、前后走行试验（短距离），试验无异常后可与车站联系恢复行车。如果上述部位有较大问题，应向车站请求救援。

起复后，进入车站停车线停车时，对整车进行全面、系统的检查。

6.3 发动机故障应急处理方法

1. 发动机电路故障应急处理方法

① 检查总电源，确认是否正常。

② 到另一端进行起动操作，如能正常起动，则运行到邻近车站后再行处理恢复。

③ 当非操作端也不能起动时，检查起动继电器是否工作正常。遇到起动继电器损坏或磁力开关无电源时，将起动钥匙开关置于 1 挡，打开起动继电器防护罩，利用螺丝刀按下触点，直接短接起动继电器触点，起动后应立即断开；若按下触点后仍无反应，可拆下 K1 线，使之与电源线直接短接，若短接后能起动，待发动机起动后，迅速将其断开。

④ 如果操作起动继电器后仍不能起动，可采用人工推行的方式将发动机带动至起动，迅速退出区间再行恢复。

⑤ 如果随车人员较少，无法采用人工推行的方式，可利用螺丝刀连通起动机两接线柱，使起动机旋转。如果啮合不上，应将磁力开关固定螺丝松开，把磁力开关向外拉出，再短接起动机两接线柱，使之起动。起动后立即将磁力开关固定回原位。

⑥ 若起动机运转正常但发动机仍不能起动时，将 PT 泵节流阀燃油直通螺丝顺时针旋转到底，再次起动，如果能起动，说明 PT 泵无电或故障，熄火时逆时针将其拧出。

2. 发动机供油故障应急处理方法

轨道作业车在运行中，当遇到因油箱至输油泵一段油管堵塞、破裂、漏气而造成供油不足或不能供油时，应使用备用油管和油桶直接供油。具体操作时，将原油管带接头的一端接在输油泵进油口处，用备用油管接回油管，将两油管的另一端放入备用柴油桶。操作要点：放入备用柴油桶的油管端需要绑一定重量的清洁物品，以保证吸油管的油口在备用柴油桶内较低的位置。完成以上操作后拧起动钥匙进行打火，直到发动机起动为止。如果应急油管较长，可提前在管内灌满油，这样可以减少发动机起动时间。

3. 发动机转速超过额定最高转速、声音异常、转速不受油门手柄控制、发动机无法熄火处理方法

① 单机运行时，应迅速将油门手柄置熄火位，关闭点火钥匙开关，使发动机熄火。若发动机仍未熄火，可将 PT 泵节流阀燃油直通螺丝逆时针旋转到底，使发动机熄火。

② 多机重联运行时，应迅速踩下离合器，并将变速箱置空挡位，将换向箱置中立位，并

确认变速箱空挡灯点亮、换向前进或后退指示灯熄灭，同时将 PT 泵节流阀燃油直通螺丝逆时针旋转到底，使发动机停止工作，解除本车动力，由其他机车牵引，维持运行到站处理。

若变速箱不能置空挡、换向箱不能置中立位，严禁松开离合器，并及时通知本务司机停车，同时将 PT 泵节流阀燃油直通螺丝逆时针旋转到底，使发动机停止工作。

4. 机油压力过低应急处理方法

立即停车检查，发现机油管破裂、折断，机油泄漏不多时，可先把泄漏位置处理好，加足机油后起动发动机，保证安全后退出区间，妥善处理。

5. 水温过高应急处理方法

① 如果不缺水，可检查百叶窗、侧风门是否开启、开关打开没有、开关打开时检查保险是否损坏。如果保险良好但不能开启，将电磁阀按钮按下转动一定角度，锁定即可。

② 如果是因为节温器损坏而造成水温过高，可拆除节温器，拆除后柴油机即能恢复使用。(水温指示表显示温度过高时，可检查冷却水温度，冷却水温度较低即可断定为节温器损坏)。

③ 如果是因为缺水而造成水温过高，应补充水。补充水后查找漏水的地方并进行处理。如果发动机水箱或水管漏水，在漏水不严重的情况下，可用肥皂涂抹漏水部位，然后用防水胶带或电工胶布包裹绑缚该部位，以减少漏水量；当漏水严重时，可根据当前条件添加冷却水。如果是水管连接部分漏水，则用螺丝刀对管箍进行紧固，使其不再漏水或减少漏水。

6. 蓄电池亏电应急处理方法

可将变速箱挂 3 挡，把换向箱放置到正确位置，踩下离合器，用人力推动轨道作业车，当速度达到 3～5 km/h 时，放开离合器，即可带动柴油机起动。如果主风缸压力低于 450 kPa，可用手制动来制动轨道作业车。

注意： 该方法对液压变速箱不适用。

7. 蓄电池极桩损坏应急处理方法

① 可用一根粗铜线作导线，一端接在蓄电池炭棒上，另一端接在没有损坏的极桩上。

② 用一块适当的铁皮把损坏的极桩围好扎紧。

③ 用手钳夹住炭精棒，利用蓄电池本身正负极直接短路的方法，通过融化炭精棒来修复损坏的极桩。

图 6-9 为蓄电池接线图。

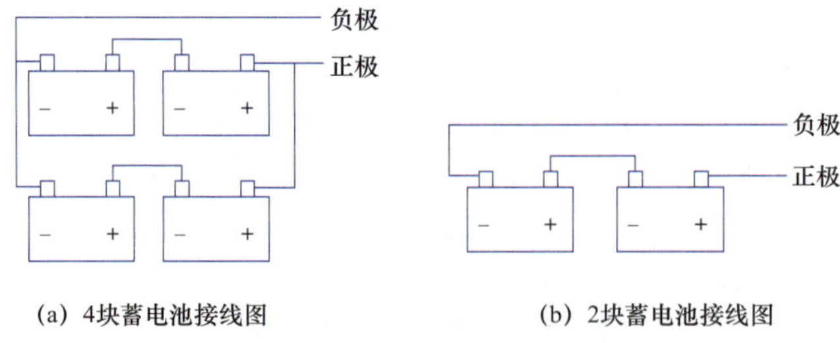

图 6-9　蓄电池接线图

8. 两端电流表无充电指示应急处理方法

① 检查充电保险是否损坏。

② 若无损坏，查看发电机皮带是否松动或断裂，如果运转正常，可判断为发电机故障，此时可合理使用电器设备，返回后立即更换发电机。

6.4 离合器故障应急处理方法

① 当离合器打滑时，如果车不能行驶，应迅速调整离合器拉杆；如果车能继续运行，应运行至前方车站，再彻底排除故障。

② 因离合器导向轴承损坏，导致离合器发抖、振动大时，可保持原挡位继续运行，但须降低车速，到前方站停车处理。

③ 当离合器分离不开时，可用原挡位运行或牵引、推行至就近车站；换向至中位后停车检修，决不允许猛推硬拉操作杆，以防止故障扩大。

离合器分离不开的简单处理方法

① 如果离合器行程过大，可揭开变速箱检查口地板，调整离合器拉杆，根据要求的离合器行程进行调节，调整完成后锁紧调整螺母。

② 如果分离杠杆不在同一平面内，可打开变速箱前端上下检查口，松开套筒锁紧螺母，旋转分离套筒进行调整。

6.5 变速箱故障应急处理方法

对于变速箱气路控制部分故障（含气压低于 0.41 MPa）和双 H 阀损坏，可改用手动挂入低速挡位，保证安全后退出区间妥善处理。

6.6 换向箱故障应急处理方法

对于换向箱换向控制电路故障，可以用专用钥匙打开换向电控阀，手动进行换向，按要求换向后进行锁定。

当由于意外原因致使气动换向机构损坏时，可通过手动换向及锁定机构（见图 6-10）实现换向。操作步骤如下：

① 关闭换向气路折角塞门。

② 操纵换向开关，排除残余气体。

③ 使用专用工具将手动换向转臂扳至所需位置并锁定。

注意：换向操作必须在轨道作业车完全停下来之后进行。

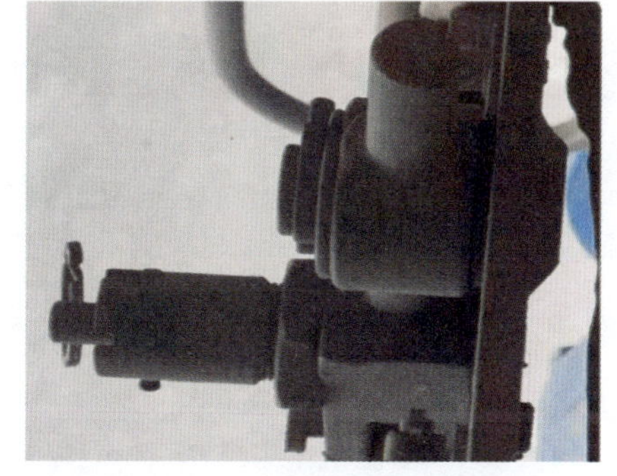

图 6-10　手动换向及锁定机构

6.7　传动轴断裂应急处理方法

当任意一根传动轴断裂时，按以下步骤进行应急处理：

① 拆掉有故障的传动轴等零件。

② 将换向箱后端设置的小拨叉杆的保护盖拆下，抽去拨叉销，向里推拨叉杆，再把拨叉销插进去，此时锁套和差速器结合，使原来的双轴传动临时改变为单轴传动，到站后应安排检修人员处理。

6.8　车轴齿轮箱故障应急处理方法

车轴齿轮箱的结构如图 6－11 所示。

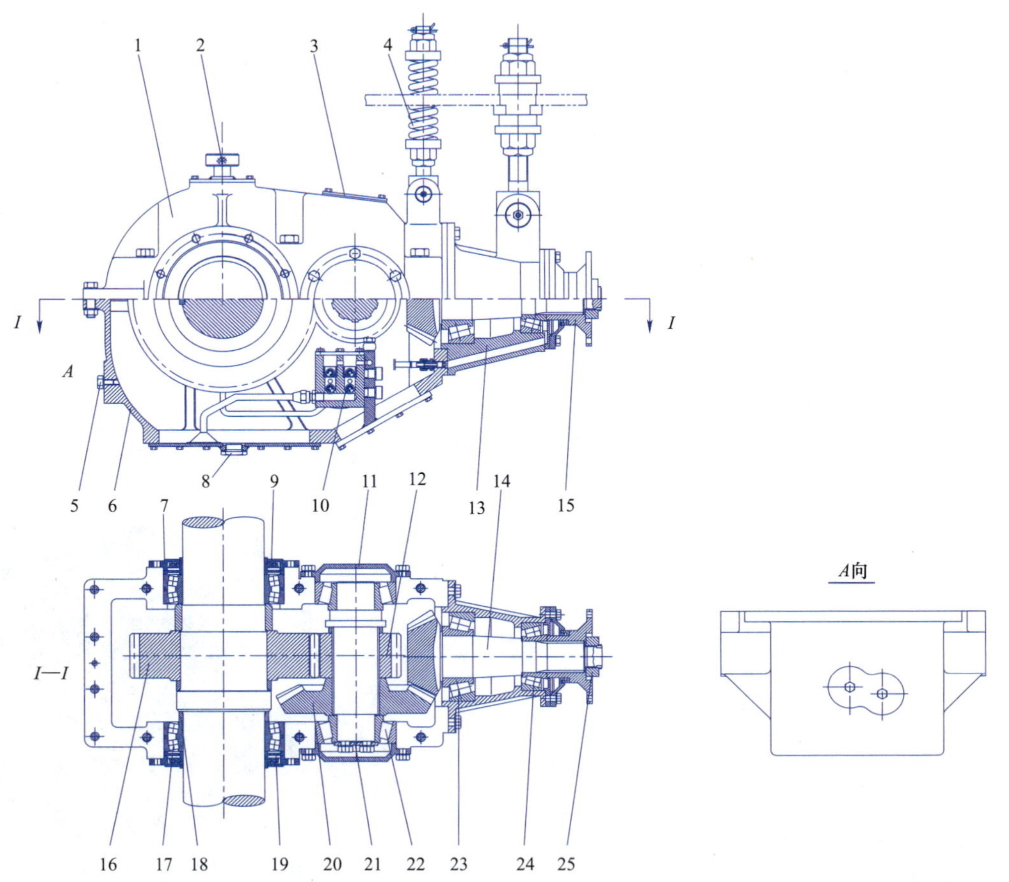

1—上箱体；2—透气孔；3—观察孔盖；4—悬挂装置；5—油位螺栓；6—下箱体；7—密封盖；8—放油堵；9—甩油盘；10—齿轮油泵；11—端盖；12—主动圆柱齿轮；13—前箱体；14—主动圆锥齿轮轴承；15—传动轴法兰；16—被动圆柱齿轮；17—滚动轴承；18—隔套；19—挡油板；20—被动圆锥齿轮；21—轴承挡板；22、23、24—轴承；25—锁紧螺母。

图 6－11　车轴齿轮箱的结构

从图 6–11 可以看出，如果因齿轮油泵损坏、润滑油泄漏、轴承散架等原因而引起前箱体卡死、车轴与滚动轴承烧死的故障，那么出现该故障后轨道作业车将无法运行。处理措施如下：

① 若因主动圆锥齿轮卡死或其轴承烧死，可立即拆除前箱体及输入传动轴，并锁死换向箱差速器轴，临时改变为单轴传动。

② 若故障复杂，在拆除前箱体后轨道作业车仍不能移动，应立即组织人员准备相应的拆卸工具对损坏的车轴齿轮箱的上下箱体进行解体，拆除悬挂装置的输入法兰与传动轴的连接；完成后拆除前箱体与后箱体的连接螺栓，拆下前箱体，拆除后箱体上下盖的连接螺栓。

③ 拆除车轴齿轮箱的所有连接后，用撬棍撬开上下盖。

注意：所有拆下的零件不得遗漏。

6.9 车轴轴承箱故障应急处理方法

车轴轴承箱的结构如图 6–12 所示。由于车轴高速运转，如果缺油将造成干摩擦而产生高热，一般表现为轨道作业车燃轴。车轴轴承箱故障应急处理方法如下：

① 在区间停车时，应先做好防护，由司乘人员检查处理。

② 打开轴箱盖消灭火种，注入适当黏度的润滑油，维持到前方停车站停车处理。

注意：打开轴箱盖时应闪开身体，避免轴箱内的烟火喷出伤人。

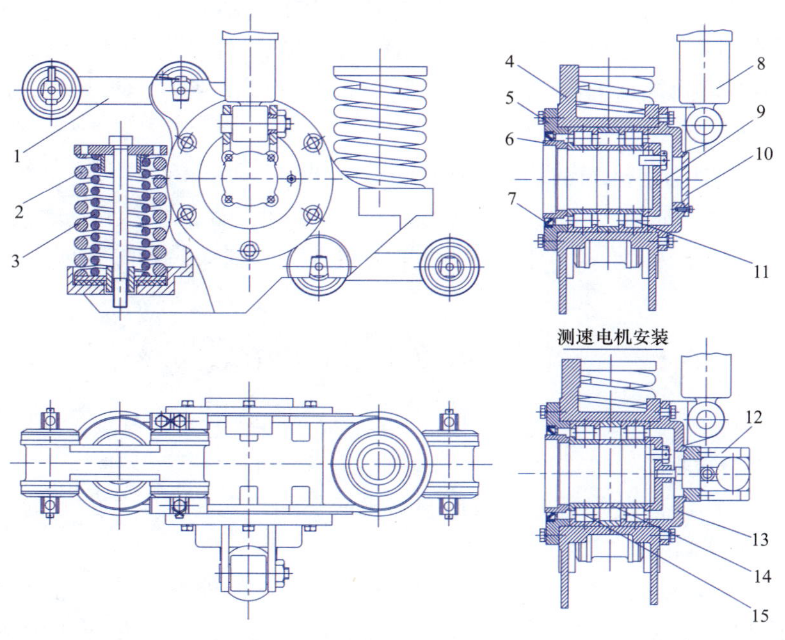

1—轴箱拉杆；2—外簧；3—内簧；4—轴箱体；5—通盖；6—防尘座；7—油封；8—减振器；9—轴头压板；10—闷盖；11、15—轴承；12—测速电机；13—轴箱前盖；14—隔套。

图 6–12 车轴轴承箱的结构

6.10 制动系统故障应急处理方法

空压机不工作会引起总风缸不充风，如果原因是空压机皮带断裂，可更换皮带。如果主风缸供风不足是由空压机皮带松造成的，可以通过调整空压机底座的调整螺丝来改变空压机皮带轮和发动机皮带轮的中心距，调整皮带松紧度。

对于制动系统故障，分以下两种不同制动机分别叙述。

1. 采用 H–6 型制动机的制动系统故障应急处理

1）制动减压时不起制动作用

① 轨道作业车在区间运行时如果发生无法制动现象，并且无法判断故障部位，副司机应采取手制动措施。此时应保持现有挡位，空挡时立即挂入适当挡位，通过降低发动机转速，以发动机制动降低车速，并根据车速按上述方法逐级减挡，让轨道作业车减速停车。

② H–6 型制动机在常用制动减压时不起制动作用，可将制动手柄迅速推到非常制动位置。如果能起制动作用，但又迅速缓解，则是非操作端制动机下方的制动管截断塞门没有关闭或关闭不严。

2）自动抱闸

① 首先确认接触网无电后，检查作业平台旁路制动按钮是否锁定，若有问题则将问题排除。

② 检查各连接部位，通过看、听、摸等方法查出泄漏部分。

③ 排除泄漏原因后，如果还是抱闸，则拉下副风缸下面的缓解阀，使轨道作业车缓解。

④ 如果仍不能解除抱闸的问题，则拆除制动缸的进风管接头，使轨道作业车缓解。离车站较近时，可低速行驶至车站后处理。

2. 采用 JZ–7 型制动机的制动系统故障应急处理

如果采取制动措施后轨道作业车不制动，应立即按下旁路制动按钮，使轨道作业车制动；如果还不能制动，则采用上面介绍的手制动和发动机降速制动的方法处理。

6.11 立杆作业车应急复位处理方法

1. 应急复位的原则

① 立杆作业车在区间发生机械事故后，司机应贯彻“先通后复”的原则，想办法使立杆作业车尽快回到车站侧线。

② 立杆作业车发生故障后，司机判断 15 min 以内能够处理好的，马上向车站汇报并立即处理；15 min 以内无法处理好的，立即向车站申请救援。原则上尽量不影响正线行车，把影响行车时间降到最短。

③ 列车运行中接到列车调度的通知“立杆作业车热轴达到激热”时，司机必须立即采取常用制动停车，并按照列车调度员通知的立杆作业车位置对立杆作业车进行检查。经司机判断能继续运行时，通知前方站列车正线停车，并根据轴热程度确定安全运行速度，运行至前

方站后通知车站值班员，按列车调度员的指示办理。

④ 当本务机发动机或制动系统发生故障时，可由后车推进运行至前方车站再进行处理，区间运行速度不能超过 30 km/h。

⑤ 事故发生后，轨道作业车管理部门应立即组织召开有关人员参加的事故调查分析会，分析事故的原因，核定损失价值，确定修复措施，确定事故责任者，进行事故定性，并总结经验教训，提出预防措施，认真落实。

2. 手动泵应急复位处理方法

① **吊臂不能回转：**用力摇动吊车右侧手油泵摇柄，并操纵回转控制手柄，使吊臂回转至行车位。

② **吊臂不能回缩：**用力摇动吊车右侧手油泵摇柄，并操纵伸缩控制手柄，使吊臂缩回。

③ **吊臂变幅不能下降：**先将吊臂旋转至行车位，然后用力摇动吊车右侧手油泵摇柄，并操纵变幅控制手柄，使吊臂落下。

④ **支腿不能收起：**用力摇动手油泵并操纵相应的水平、垂直操纵杆，必须先收回垂直油缸后，再收回水平油缸。

3. 电动泵应急复位处理方法

当电动泵无法复位时，应及时优先起用应急电动泵操纵复位退出作业（正常情况下，应急电动泵可保证工作 40 min，连续工作时，每次连续工作 20 min 后应先停机，间隔 20 min 后再重新起动电机工作，以保护电机和蓄电池。一般情况下，各机构复位时间总计为 20 min）。

操纵应急电动泵的程序如下：

① 闭合司机座椅左侧的电源总开关。

② 闭合应急泵开关（设在燃油箱前部的控制盒内，见油漆标识）提供系统高压油。

4. 机械方式复位处理方法

1）回转复位处理方法

拆下回转马达解锁油管，将自备高压软管一端与其连接，另一端与手油泵连接，慢慢摇动手油泵，用人力即可推动吊臂回转。

操作要领：在摇动手油泵的同时，以人力试推吊臂，若吊臂能回转，立即停止手油泵加力。如果继续加力吊臂仍然不动，应松开回转马达进出油管。

2）变幅复位处理方法

松开变幅油缸液压锁前面的回油管接头，吊臂即可下落。

操作要领：松开回油管接头时一定要慢，以免吊臂猛然下落；务必用棉丝堵住松开的接口，以免高压油伤人。

3）伸缩复位处理方法

① 当吊臂在变幅角度较大时，可先拧开伸缩油缸上腔油管接头，再拧松平衡阀与伸缩油缸下腔相通的油管接头，让下腔油液缓慢溢出，让吊臂靠自身重力缩回。

② 当变幅角度较小且吊臂不能靠自身重力回缩时，亦可使用手拉葫芦拉动吊钩使其回缩。

4）卷扬复位处理方法

拆下起升马达解锁油管，将自备高压软管一端与其连接，另一端与手油泵连接，慢慢摇动手油泵，起重物体会下落。

操作要领：手油泵一定要缓慢加力，以免起重物体下落过快。如果起重物体下落过慢，可松开起升马达的进出油管。

5）稳定缸复位处理方法

松开稳定油缸上的液压锁固定螺栓即可。

6）支腿复位处理方法

① **垂直油缸复位**：松开支腿顶部液压锁固定螺栓，用人力向上抬起垂直油缸并用铁线绑扎结实，以免运行途中下落。

操作要领：松开固定螺栓一定要慢，用棉丝堵住锁与油缸接触面，以免高压油伤人。

② **水平油缸复位**：松开水平油缸进出油管接头（位置在支腿对面），用人力或葫芦即可将水平油缸收回。

5. 钢丝绳卡死应急处理方法

立杆作业车在作业过程中，如果出现因钢丝绳变形打结导致卷扬机卡死故障后，应立即停止作业，不要操作立杆作业车做伸臂、收臂动作，应操作其回转动作，使物料摆置线路不影响行车位置，拆下起升马达解锁油管，将自备高压软管一端与其连接，另一端与手油泵连接，慢慢摇动手油泵，起重物体会下落。

操作要领：手油泵一定要缓慢加力，以免起重物体下落过快。如果起重物体下落过慢，可松开起升马达的进出油管。先将落下的重物放置在不侵限、不影响本线路及相邻线路行车位置，在立杆作业车其他部位复位后，由头车将其牵引回立杆作业车停放地点进行检查、维修，保证修复后才能继续进行施工作业。

6.12 恒张力放线车应急处理方法

1. 泰斯美克恒张力放线车应急处理方法

1）小张力架线模式

在计算机系统及动力单元均发生故障，自动及手动均无张力控制情况下，可采用小张力架线模式。步骤如下：

① 通过操作张力轮变速箱上的解离操作杆（见图 6–13），将张力轮置为机械自由状态。

② 解离线盘支架的液压头（见图 6–14），使线盘支架机械自由。

图 6–13 张力轮变速箱上的解离操作杆

图 6–14 解离线盘支架的液压头

③ 打开线盘支架手刹护罩（见图 6–15）。

图 6–15 打开线盘支架手刹护罩

④ 移去锁定销（见图 6–16）。

图 6–16 移去锁定销

⑤ 将手刹装置旋转至工作位置（见图 6–17）。

图 6–17 将手刹装置旋转至工作位置

⑥ 插入锁定销钉，固定手刹装置（见图 6-18）。

图 6-18　固定手刹装置

⑦ 通过手柄调节手刹的制动力（见图 6-19）。

图 6-19　用手柄调节手刹的制动力

⑧ 将位于导向支架底部的紧急模式阀置于“Manual”（手动）位置（见图 6-20）。

图 6-20　将紧急模式阀置于手动位置

⑨ 将位于手泵上的紧急模式阀置于向下位置（见图 6–21）。

⑩ 操作手泵，略微抬升一下导向支架，将安全销取出（见图 6–22）。

⑪ 将位于手泵上的紧急模式阀置于向上位置，导向支架将下降复位（见图 6–23）。

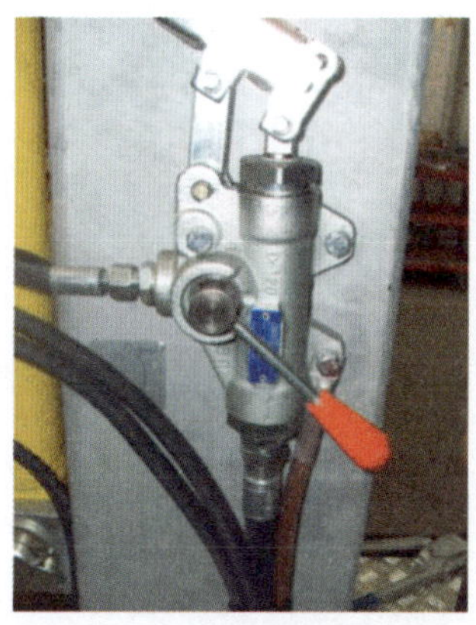

图 6–21 置紧急模式阀于向下位置

图 6–22 取出安全销

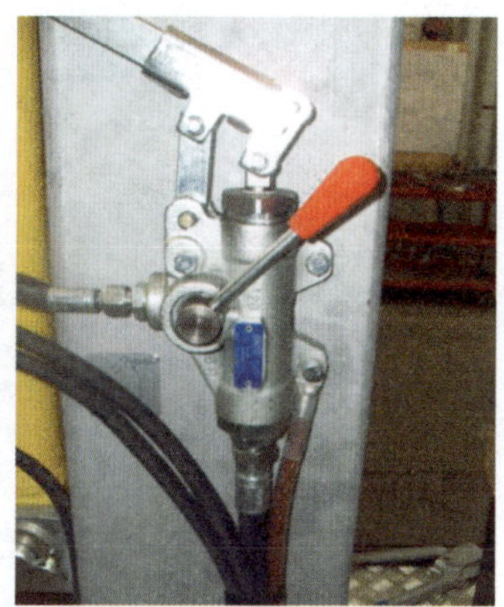

图 6–23 置紧急模式阀于向上位置

⑫ 将位于抬拨线柱主柱底部的紧急模式阀打开（见图 6–24），可使主柱自由下降。

图 6–24 打开主柱底部的紧急模式阀

⑬ 将位于副柱底部的紧急模式阀打开（见图 6–25），可使副柱自由下降。

图 6–25 打开副柱底部的紧急模式阀

⑭ 手动将电磁阀的控制按钮按至“EMERGENCY”（紧急模式）位置（见图 6–26）。

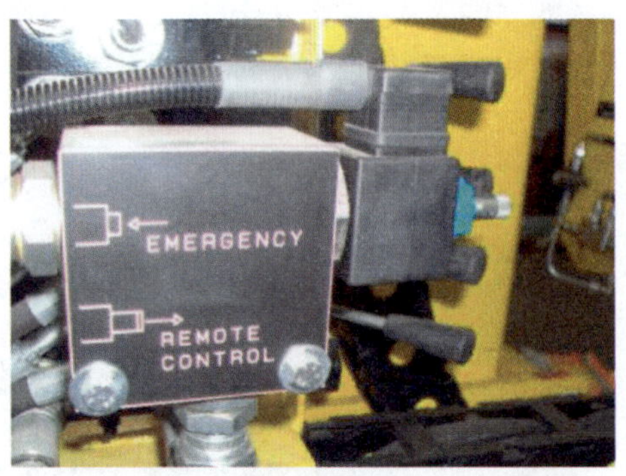

图 6–26 置控制按钮于紧急模式

2）工况箱电控失效

当工况箱电控失效时，可采用手动操作。手动操纵装置由一套机械连杆机构组成，设在车架左侧下平面。轨道作业车停稳后方可进行手动操作，操作时必须将工况箱控制开关置“0”位，脱开风缸与挂挡拉杆之间的连接销，然后进行进一步的走行操纵控制。

2. FX–5 恒张力放线车应急处理方法

1）应急放线

作业过程中，当主动力系统因故障停机或分动箱故障导致所有油泵无法工作时，需采取以下办法进行应急放线：

① 首先将控制系统转换到手动控制模式，具体需要将操纵台上放线模式选择开关切换至“手动”位、相应张力机构控制开关切换至“作业”位，放线盘机构选择开关保持原作业过程中选择位置不变。

② 将停机前处于工作状态的放线盘、张力盘的制动器三通球阀置于应急状态。

③ 扳动制动器应急手油泵，使制动器压力油路压力在 3 MPa 以上（3 MPa 压力可保证张力盘、放线盘制动器完全开启，实际操作手油泵时，可使制动器测压软管压力表读数在 10 MPa 左右，在放线过程中应注意观察制动器测压软管压力表读数，当压力下降到 3 MPa 左右时，可以扳动手油泵向制动器管路中补充液压油），操纵台显示屏上“张力盘制动器制动”“Ⅰ号–Ⅳ号放线盘制动器制动”红色报警指示应消失。

④ 做好走行马达摘挡工作。

⑤ 起动室外交流应急发电机组的输出电压正常后，按下司机室电源转换柜上的“发电机电源”按钮（SQ2），合上“应急电机”电源断路器（QF3），按下“应急电机”起动按钮（SQ3），则可起动应急电动油泵为张力机构及各放线盘液压马达补油，以避免继续放线时马达吸空。

⑥ 牵引车牵引恒张力放线车继续进行放线作业，可通过调整操纵台远程溢流阀设定放线张力及线盘出线张力，此时线索张力设定范围为 3～15 kN，放线张力大小可在微机显示器上观察；放线速度应不大于 4 km/h，否则可能会使液压系统油温过高。

⑦ 作业完毕，按下“应急电机”停止按钮（ST1）及电源停止按钮（ST），断开断路器（QF3）；再将发电机组熄火。

⑧ 将放线盘、张力盘制动器三通球阀手柄恢复至“正常位”。

⑨ 将制动器的旁通球阀打开，释放管路内的压力油，直至恢复到“正常位”。

2）低速走行马达应急摘挡

当主发动机、分动齿轮箱或走行液压系统（含液压系统变量泵、管路等）出现故障导致放线车走行动力被切断、无法自走行放线时，在放线车被其他动力轨道作业车拖动放线前，应做好以下走行马达的摘挡工作：

① 将操纵台上低速走行控制开关切换至摘挡位，或直接操作相应的多路阀手柄使之处于摘挡位。

② 扳动手油泵或起动直流应急泵的摇杆，可实现摘挡。

3. OMAC 恒张力放线车应急处理方法

在没有任何液压或电力动力的情况下，松开并退下电缆的步骤如下：

① 通过阀门 F5.04 选择所需要的线盘。

② 关闭阀门 F5.01，然后操作手泵 F5.02，使压力达到 0.75 MPa（压力计 F5.03）。

③ 操纵操作杆 F1.03 使线盘处于自由状态。

④ 将减速装置 C3.10 的操作杆放置在自由位置。

⑤ 上述操作结束时，非常缓慢地移动架线车，电缆可以松开退下来。

6.13 轨道作业车应急救援处置程序

① 当轨道作业车发生故障（事故）不能继续运行，或由于其他原因在区间被迫停车时，司机应立即进行自救，并向机械队长、工程项目部调度汇报。如果影响铁路行车，按铁路相关规定进行汇报及设置防护，必要时请求救援。

② 机械队长接到汇报后，应问清故障（事故）情况，用电话指导自救或到现场救援，同时立即向工程项目部经理汇报，与工程项目部协调开展救援工作，视情况向机械项目部经理汇报。

③ 机械项目部经理接到电话后应立即启动应急机制，安排应急救援人员、设备、工具，与工程公司协调，投入救援，并视情况向公司应急救援领导小组汇报。

④ 公司应急救援领导小组接到汇报后，立即启动应急救援机制，指挥、指导现场救援工作，视情况组织相应人员到现场指挥救援，并向集团公司汇报。

⑤ 公司各级应急救援负责人在开展应急救援工作时，应与工程公司、工程项目部积极协调，统一指挥救援工作；应急救援人员要听从指挥，积极配合。

7

关键风险点控制

7.1　标准化作业管理风险点控制

各轨道作业车管理单位依据上级单位下发的危险源辨识及其控制清单，根据施工项目情况，在开工前组织机械管理人员及司机进行现场调研，辨识本项目标准化管理风险点，制定有效的控制措施并组织进行标准化管理风险点管理交底及控制。

7.2　标准化操作作业风险点控制

各轨道作业车管理单位在开工前组织司机对轨道作业车标准化作业指导书进行培训学习，并根据施工项目的特殊信号、特殊要求制定标准化作业风险点控制清单。对司机进行标准化作业风险点及卡控措施技术交底。

7.2.1　重型轨道车标准化作业风险点控制

1. 资格证件方面

1）主要风险点

① 轨道车年检合格证或施工运行证明、三检一探检测合格证、GYK 数据换装检测合格证、无线列调检测合格证过期或不符合规定。

② 未取得驾驶人员证件和上岗操作证者操作重型轨道车。

2）卡控措施

① 重型轨道车进场前，仔细核对并确认重型轨道车资料及人员证件是否齐全、有效。

② 组织岗前培训，考试合格后核发相关上岗操作证。

③ 及时在所在铁路局集团公司或建设单位备案。

2. 运用方面

1）主要风险点

① 出车前未对重型轨道车油、水、电、底盘等进行检查。

② 出车前未进行制动试验，未确定三项设备状态良好。

③ 转线及调车时，开车前未按规定进行车机联控。

④ 重型轨道车换端、连挂、摘车及停车超 20 min 后再开车前，未按规定进行简略试验。

⑤ 未撤除铁鞋就动车。

⑥ 推进运行无人引导。

⑦ 重型轨道车连挂未执行“十、五、三车”限速。

⑧ 未按规定进行换端操作。

⑨ 停留重型轨道车未按规定采取防溜措施。

⑩ 运行中擅自关闭三项设备。

⑪ 超速运行。

⑫ 安全备品不全或过期。

⑬ 安全预想会不按规定召开，对当日危险源辨识不全。

⑭ 无施工作业票施工。

⑮ 无调度命令施工。

⑯ 运行揭示不按规定输入。

2）卡控措施

① 加强对《铁路技术管理规程》《铁路电力安全工作规程》《铁路行车组织规则》及一次值乘作业标准、车机联控、监控操作及运用的学习和培训。

② 加强对司助人员一次出乘过程的卡控关键点和应急措施的学习、处理和演练。

③ 加强对监控数据和视频监控资料的分析，分阶段进行差异化的培训。

3. 重型轨道车方面

1）主要风险点

① 运监设备故障未处理。

② 重型轨道车未进行制动试验。

③ 活塞行程不符合规定。

④ 风泵故障未处理。

⑤ 照明、风笛、雨刷等装置的技术状态不好。

⑥ 重型轨道车安全装置失效。

⑦ 重型轨道车应急处理装置失效。

⑧ 重型轨道车制动装置失效。

⑨ 重型轨道车警示装置失效。

⑩ 通信、信号设备技术状态不良。

2）卡控措施

① 加强培训，提高司助人员应急处理能力。

② 加强重型轨道车的日常检查保养。

③ 定期进行应急演练。

④ 加强对司助人员一次出乘重型轨道车检查卡控关键点和应急措施的学习，提高司助人员的应急处理能力。

7.2.2 接触网作业车标准化作业风险点控制

1. 资格证件方面

1）主要风险点

① 接触网作业车年检合格证或施工运行证明、三检一探检测合格证、GYK 数据换装检测合格证、无线列调检测合格证过期或不符合规定。

② 未取得驾驶人员证件和上岗操作证者操作接触网作业车。

2）卡控措施

① 接触网作业车进场前，仔细核对并确认重型轨道车资料及人员证件是否齐全、有效。

② 组织岗前培训，考试合格后核发相关上岗操作证。

③ 及时在所在铁路局集团公司或建设单位备案。

2. 运用方面

1）主要风险点

① 作业平台作业人数超过规定的载重量。

② 作业平台操作人员未经培训就操作作业平台。

③ 作业平台应急复位装置失灵。

④ 未悬挂作业平台警示标示牌。

2）卡控措施

① 严格按接触网作业车作业平台载重要求控制作业人数，并对工程项目部作业人员进行技术交底。

② 组织岗前培训，考试合格后核发相关上岗操作证。

③ 定期组织作业平台应急演练，确保作业平台应急复位装置技术状况良好。

④ 按规定悬挂作业平台警示标示牌。

3. 接触网作业车方面

1）主要风险点

① 作业平台 V 停锁故障。

② 作业平台升降限位装置失灵。

③ 作业平台应急复位装置失效。

2）卡控措施

① 加强接触网作业车的日常检查保养，确保接触网作业车技术状态良好。

② 定期组织接触网作业车作业平台应急复位演练。

7.2.3 立杆作业车标准化作业风险点控制

1. 资格证件方面

1）主要风险点

① 立杆作业车年检合格证或施工运行证明、三检一探检测合格证过期或不符合规定。

② 未取得起重作业证件和上岗操作证者操作立杆作业车。

2）卡控措施

① 立杆作业车进场前，仔细核对并确认立杆作业车资料及人员证件是否齐全、有效。

② 组织岗前培训，考试合格后核发相关上岗操作证。

③ 及时在所在铁路局集团公司或建设单位备案。

2. 运用方面（如安全预想会、施工作业票、调度命令、运行揭示等）

1）主要风险点

① 不遵守“十不吊”“八严禁”的要求。

② 立杆作业时未打锁定缸。

③ 立杆作业车进行回转、变幅、行走和吊钩等动作前，未发出音响信号示意。

④ 无保护措施在高压架空输电线下方或上方作业。

⑤ 起吊的重物绑扎不牢固。

⑥ 吊车及起吊物品与带电设备距离小于 2 m。

2）卡控措施

① 加强对起重司机安全操作规程的培训。

② 加强立杆作业车的日常检查、保养。

③ 施工前召开安全预想会，对施工作业环境及危险源向班组人员进行详细的技术交底。

3. 立杆作业车方面

1）主要风险点

① 力矩限制器、起重量限制器、钢丝绳过放报警装置及各种行程限位开关等安全保护装置失效。

② 钢丝绳、滑轮、吊钩不符合规定。

③ 三联泵润滑不到位。

④ 三四节臂同步升缩机构故障。

⑤ 支腿收放失灵。

⑥ 油门操控调速失灵。

⑦ 应急复位装置失灵。

2）卡控措施

① 加强立杆作业车的日常检查、保养工作。

② 操作前，应对制动器、吊钩、钢丝绳及安全装置进行逐一检查，确认性能良好后方可操作。

③ 定期检查各部位的润滑情况，按规定加注润滑油。

④ 定期组织应急复位演练，确保应急复位装置状态良好。

⑤ 制定机械故障应急处理预案，并组织安全培训和技术交底。

7.2.4 恒张力放线车标准化作业风险点控制

1. 资格证件方面

1）主要风险点

① 恒张力放线车年检合格证或施工运行证明、三检一探检测合格证过期或不符合规定。

② 未取得上岗操作证者操作恒张力放线车。

2）卡控措施

① 恒张力放线车进场前，应仔细核对并确认恒张力放线车资料及人员证件是否齐全、有效。

② 组织岗前培训，考试合格后核发相关上岗操作证。

③ 及时在所在铁路局集团公司或建设单位备案。

2. 运用方面

1）主要风险点

① 在发动机、分动齿轮箱或走行液压系统（含液压系统变量泵、管路等）出现故障，导致放线车走行动力被切断，无法自走运行放线，改由其他动力车拖动放线时，未对走行马达进行摘挡操作。

② 放线、收线速度不符合规定。

③ 网套连接器连接不牢靠。

④ 线索在张力盘上的缠绕圈数少于规定值。

⑤ 旁路制动（按钮）系统失灵。

2）卡控措施

① 组织岗前培训，重点对恒张力放线车维修保养书、操作规程、应急处理方法进行有针对性的强化培训。

② 加强对恒张力放线车的日常维护保养，确保恒张力放线车技术状况良好。

③ 作业前、作业中、收车后，严格按操作规程操作、检查恒张力放线车。

3. 恒张力放线车方面

1）主要风险点

① 报警及指示灯故障。

② 网套连接器有断股、损坏现象。

③ 平台机构的应急复位及安全装置失效。

④ 拨线机构的应急复位装置失效。

⑤ 张力盘摩擦衬垫的紧固螺栓松脱。

⑥ 张力机构制动器的制动片损坏。

⑦ 尼龙导轮的尼龙层磨损严重。

2）卡控措施

① 定期维护、保养恒张力放线车，严格按恒张力放线车说明书的要求对恒张力放线车进行维护、保养。

② 加强出车前恒张力放线车技术状况检查。

7.2.5 路用平车标准化运用风险点控制

1. 资质方面

1）主要风险点

① 平车三检一探检测合格证过期或不符合规定。

② 路用平车手续不全。

2）卡控措施

① 路用平车进场前，仔细核对并确认平车资料是否齐全、有效。

② 及时在所在铁路局集团公司或建设单位备案。

2. 运用方面

1）主要风险点

① 整组轨道作业车连挂时，未按规定的操作程序进行试拉或未连接制动软管。

② 超载、偏卸。

③ 不按规定捆绑。

④ 动力车推进平车运行时无人引导。

2）卡控措施

① 严格按标准化作业程序操作路用平车。

② 加强对平车装载、捆绑的检查确认。

3. 路用平车方面

1）主要风险点

① 活塞行程不符合规定。

② 闸瓦厚度不符合规定。

③ 路用平车修程超过规定日期。

2）卡控措施

① 加强对平车的日常检查保养。

② 对使用期间超过修程的路用平车及时进行更换。

③ 加强对平车使用及物料捆绑的安全培训和技术交底。

8

标准化作业中的信号显示

8.1 基本要求

8.1.1 信号的含义及使用要求

信号是指示列车运行及调车作业的命令，有关行车人员必须严格执行。

信号显示方式及使用方法，应按《铁路技术管理规程》的规定执行。该规程以外的信号显示方式，须经国铁集团批准，方可采用。

各种信号机和表示器的灯光排列、颜色和外形尺寸，必须符合国家标准、铁道行业标准及国铁集团规定的标准。

地区性联系用的手信号，由铁路局集团公司批准。

8.1.2 铁路信号的分类

铁路信号分为视觉信号和听觉信号。

1. 视觉信号

视觉信号的基本颜色：

① 红色——停车；

② 黄色——注意或减低速度；

③ 绿色——按规定速度运行。

视觉信号分为昼间、夜间及昼夜通用信号。在昼间遇降雾、暴风雨雪及其他情况，致使停车信号显示距离不足 1 000 m，注意或减速信号显示距离不足 400 m，调车信号及调车手信号显示距离不足 200 m 时，应使用夜间信号。

隧道内只采用夜间或昼夜通用信号。

铁路沿线及站内，禁止设置妨碍确认信号的红、黄、绿色的装饰彩布、标语和灯光。如已装有妨碍确认信号灯光的设备的，应拆除或采取遮光措施。

在规定的信号显示距离内，不得种植影响信号显示的树木。对影响信号显示的树木，其处理办法由铁路局集团公司规定。

2. 听觉信号

听觉信号包括号角、口笛、响墩发出的声响和机车、轨道作业车的鸣笛声。

3. 信号机的定位

进站、出站、进路、调车、驼峰、驼峰辅助信号机均以显示停车信号为定位；线路所的通过信号机以显示停车信号为定位，其他通过信号机以显示进行信号为定位。

接近信号机、进站预告信号机、非自动闭塞区段通过信号机的预告信号机及通过臂板，以显示注意信号为定位。

遮断、遮断预告、复示信号机以无显示为定位。

在自动闭塞区段内的车站（线路所），如将进站、正线出站信号机及其直向进路内的进路信号机转为自动动作时，以显示进行信号为定位。

4. 信号机的关闭时机

① 集中联锁车站的进站、进路、出站信号机及通过信号机，当机车或车辆第一轮对越过该信号机后自动关闭。

② 调车信号机在调车车列全部越过调车信号机后自动关闭；当调车信号机外方不设轨道占用检查装置或虽设轨道占用检查装置而占用时，应在调车车列全部出清调车信号机内方第一轨道区段后自动关闭，根据需要也可在调车车列第一轮对进入调车信号机内方第一轨道区段后自动关闭。

③ 引导信号应在列车头部越过信号机后及时关闭。

④ 非集中联锁车站的进站信号机及线路所通过信号机，在列车进入接车线轨道区段后自动关闭，出站信号机应在列车进入出站方面轨道区段后自动关闭。

⑤ 非集中联锁车站，由手柄操纵的信号机：进站信号机在确认列车全部进入接车线警冲标内方，出站信号机在列车全部越过最外方道岔并确认列车全部进入出站方面轨道区段后，恢复手柄，关闭信号。

提示：特殊站（场）执行上述规定有困难时，由铁路局集团公司规定。

5. 对信号机灯光熄灭、显示不明或显示不正确的处理

进站、出站、进路和通过信号机的灯光熄灭、显示不明或显示不正确时，均视为停车信号。

进站预告信号机或接近信号机的灯光熄灭、显示不明或显示不正确时，均视为进站信号机为关闭状态；非自动闭塞区段通过信号机的预告信号机的灯光熄灭、显示不明或显示不正确时，视为通过信号机为关闭状态。

6. 对信号机无效的正确处理

新设尚未开始使用及应撤除尚未撤掉的信号机，均应装设信号机无效标，并应熄灭灯光；如为臂板信号机，并须将臂板置于水平位置。

信号机无效标为白色的十字交叉板。高柱色灯信号机的无效标装在机柱上，矮型色灯信号机的无效标装在信号机构上，臂板信号机的无效标装在臂板上。如图 8-1 所示。

在新建铁路线上，新设尚未开始使用的信号机（进站信号机暂用作防护车站时除外），可撤下臂板或将色灯机构向线路外侧扭转 90°，并熄灭灯光，作为无效。

图 8–1 信号机无效

8.2 固定信号

8.2.1 色灯信号机

1. 进站色灯信号机显示的信号

1）三显示自动闭塞、半自动闭塞、自动站间闭塞区段进站色灯信号机

① 一个绿色灯光——准许列车按规定速度经正线通过车站，表示出站及进路信号机在开放状态，进路上的道岔均开通直向位置，如图 8–2 所示。

② 一个绿色灯光和一个黄色灯光——准许列车经道岔直向位置，进入站内越过次一架已经开放的信号机准备停车，如图 8–3 所示。

③ 一个黄色灯光——准许列车经道岔直向位置，进入站内正线准备停车，如图 8–4 所示。

④ 一个黄色闪光和一个黄色灯光——准许列车经 18 号及以上道岔侧向位置，进入站内越过次一架已经开放的信号机且该信号机防护的进路经道岔直向位置或 18 号及以上道岔侧向位置，如图 8–5 所示。

图 8–2 一个绿色灯光

图 8–3 一个绿色灯光和一个黄色灯光

图 8–4 一个黄色灯光

图 8–5 一个黄色闪光和一个黄色灯光

⑤ 两个黄色灯光——准许列车经道岔侧向位置（但不满足上述第④ 项条件）进入站内准备停车，如图 8–6 所示。

⑥ 一个红色灯光——不准列车越过该信号机，如图 8–7 所示。

2）四显示自动闭塞区段进站色灯信号机

① 一个绿色灯光——准许列车按规定速度经道岔直向位置进入或通过车站，表示运行前方至少有三个闭塞分区空闲，如图 8–2 所示。

② 一个绿色灯光和一个黄色灯光——准许列车按规定速度经道岔直向位置进入站内，表示次一架信号机经道岔直向位置开放一个黄灯，如图 8–3 所示。

③ 一个黄色灯光——准许列车按限速要求经道岔直向位置进入站内正线准备停车，如图 8–4 所示。

④ 一个黄色闪光和一个黄色灯光——准许列车经 18 号及以上道岔侧向位置，进入站内越过次一架已经开放的信号机且该信号机防护的进路经道岔直向位置或 18 号及以上道岔侧向位置，如图 8–5 所示。

⑤ 两个黄色灯光——准许列车按限速要求越过该信号机，经道岔侧向位置（但不满足上述第④ 项条件）进入站内准备停车，如图 8–6 所示。

⑥ 一个红色灯光——不准列车越过该信号机，如图 8–7 所示。

2. 进站及接车进路、接发车进路色灯信号机的引导信号

进站及接车进路、接发车进路色灯信号机的引导信号显示一个红色灯光及一个月白色灯光——准许列车在该信号机前方不停车，以不超过 20 km/h 速度进站或通过接车进路，并须准备随时停车，如图 8–8 所示。

图 8–6　两个黄色灯光

图 8–7　一个红色灯光

图 8–8　引导信号显示一个红色灯光及一个月白色灯光

3. 出站色灯信号机显示的信号

1）半自动闭塞或自动站间闭塞区段

① 一个绿色灯光——准许列车由车站出发，如图 8–9 所示。

② 两个绿色灯光——准许列车由车站出发，开往次要线路，如图 8–10 所示。

图 8–9　一个绿色灯光

图 8–10　两个绿色灯光

③ 一个红色灯光——不准列车越过该信号机，如图 8–11 所示。

④ 在兼作调车信号机时，一个月白色灯光——准许越过该信号机调车如图 8–12 所示。

图 8–11　一个红色灯光

图 8–12　一个月白色灯光

2）三显示自动闭塞区段

① 一个绿色灯光——准许列车由车站出发，表示运行前方至少有两个闭塞分区空闲，如图 8–13 所示。

② 一个黄色灯光——准许列车由车站出发，表示运行前方有一个闭塞分区空闲，如图 8–14 所示。

③ 两个绿色灯光——准许列车由车站出发，开往半自动闭塞或自动站间闭塞区间，如图 8–15 所示。

图 8–13　一个绿色灯光

图 8–14　一个黄色灯光

图 8–15　两个绿色灯光

④ 一个红色灯光——不准列车越过该信号机，如图 8–16 所示。

⑤ 在兼作调车信号机时，一个月白色灯光——准许越过该信号机调车，如图 8–17 所示。

图 8–16　一个红色灯光

图 8–17　一个月白色灯光

3）四显示自动闭塞区段

① 一个绿色灯光——准许列车由车站出发，表示运行前方至少有三个闭塞分区空闲，如图 8-18 所示。

② 一个绿色灯光和一个黄色灯光——准许列车由车站出发，表示运行前方有两个闭塞分区空闲，如图 8-19 所示。

图 8-18　一个绿色灯光

图 8-19　一个绿色灯光和一个黄色灯光

③ 一个黄色灯光——准许列车由车站出发，表示运行前方有一个闭塞分区空闲，如图 8-20 所示。

④ 两个绿色灯光——准许列车由车站出发，开往半自动闭塞或自动站间闭塞区间，如图 8-21 所示。

图 8-20　一个黄色灯光

图 8-21　两个绿色灯光

⑤ 一个红色灯光——不准列车越过该信号机，如图 8-22 所示。

⑥ 在兼作调车信号机时，一个月白色灯光——准许越过该信号机调车，如图 8-23 所示。

图 8-22　一个红色灯光

图 8-23　一个月白色灯光

4）进路色灯信号机的显示

接车进路及接发车进路色灯信号机的显示与进站色灯信号机相同。

三显示自动闭塞、半自动闭塞、自动站间闭塞区段的发车进路色灯信号机显示下列信号：

① 一个绿色灯光——准许列车由车站经正线出发，表示出站和进路信号机均在开放状态，如图 8–24 所示。

② 一个绿色灯光和一个黄色灯光——准许列车越过该信号机，表示该信号机列车运行前方次一架信号机在开放状态，如图 8–25 所示。

图 8–24　一个绿色灯光

图 8–25　一个绿色灯光和一个黄色灯光

③ 一个黄色灯光——准许列车运行到次一架信号机之前准备停车，如图 8–26 所示。

④ 一个红色灯光——不准列车越过该信号机，如图 8–27 所示。

图 8–26　一个黄色灯光

图 8–27　一个红色灯光

四显示自动闭塞区段发车进路色灯信号机显示下列信号：

① 一个绿色灯光——表示该信号机列车运行前方至少有两架信号机经道岔直向位置在开放状态，如图 8–24 所示。

② 一个绿色灯光和一个黄色灯光——表示该信号机列车运行前方次一架信号机经道岔直向位置在开放状态，如图 8–25 所示。

③ 一个黄色灯光——准许列车运行到次一架信号机之前准备停车，如图 8–26 所示。

④ 一个红色灯光——不准列车越过该信号机，如图 8–27 所示。

接车进路、发车进路及接发车进路色灯信号机兼作调车信号机时，一个月白色灯光——准许越过该信号机调车，如图 8–28 所示。

图 8-28　一个月白色灯光

5）通过色灯信号机显示的信号

（1）半自动闭塞及自动站间闭塞区段

① 一个绿色灯光——准许列车按规定速度运行（显示方式参照图 8-29，但机构为二显示）。

② 一个红色灯光——不准列车越过该信号机，显示方式参照图 8-30，但机构为二显示）。

（2）三显示自动闭塞区段

① 一个绿色灯光——准许列车按规定速度运行，表示运行前方至少有两个闭塞分区空闲，如图 8-29 所示。

② 一个黄色灯光——要求列车注意运行，表示运行前方有一个闭塞分区空闲，如图 8-31 所示。

③ 一个红色灯光——列车应在该信号机前停车，如图 8-30 所示。

图 8-29　一个绿色灯光

图 8-30　一个红色灯光

图 8-31　一个黄色灯光

（3）四显示自动闭塞区段

① 一个绿色灯光——准许列车按规定速度运行，表示运行前方至少有三个闭塞分区空闲，如图 8-32 所示。

② 一个绿色灯光和一个黄色灯光——准许列车按规定速度运行，要求注意准备减速，表示运行前方有两个闭塞分区空闲，如图 8-33 所示。

③ 一个黄色灯光——要求列车减速运行，按规定限速要求越过该信号机，表示运行前方有一个闭塞分区空闲，如图 8-34 所示。

④ 一个红色灯光——列车应在该信号机前停车，如图 8-35 所示。

图 8-32　一个绿色灯光

图 8-33　一个绿色灯光和一个黄色灯光

图 8-34　一个黄色灯光

图 8-35　一个红色灯光

6）线路所防护分歧道岔的色灯信号机开放经道岔侧向位置的进路时显示的信号

① 一个黄色闪光和一个黄色灯光——表示分歧道岔为 18 号及以上道岔，开往半自动闭塞或自动站间闭塞区间，或开往自动闭塞区间且列车运行前方次一闭塞分区空闲，如图 8-5 所示。

② 不满足上述第① 款条件时，显示两个黄色灯光，如图 8-6 所示。

防护分歧道岔的线路所通过信号机，其机构外形和显示方式，应与进站信号机相同，引导灯光应予封闭。该信号机显示红色灯光时，不准列车越过。

7）容许信号

容许信号显示一个蓝色灯光——准许列车在通过色灯信号机显示红色灯光的情况下不停车，以不超过 20 km/h 的速度通过，运行到次一架通过信号机，并随时准备停车，如图 8-36 所示。

8）遮断色灯信号机

遮断色灯信号机显示一个红色灯光——不准列车越过该信号机；不点灯时，不起信号作用，如图 8-37 所示。

图 8-36　一个蓝色灯光

图 8-37　一个红色灯光

9）预告信号机

遮断信号机的预告信号机显示一个黄色灯光——表示遮断信号机显示红色灯光；不点灯时，不起信号作用，如图 8-38 所示。

其他预告色灯信号机显示下列信号：

① 一个绿色灯光——表示主体信号机在开放状态，如图 8-39 左图所示。

② 一个黄色灯光——表示主体信号机在关闭状态，如图 8-39 右图所示。

图 8-38　一个黄色灯光

图 8-39　其他预告色灯信号机的灯光

10）接近色灯信号机显示的信号

① 一个绿色灯光——表示进站信号机开放一个绿色灯光或一个绿色灯光和一个黄色灯光，如图 8-40 所示。

② 一个绿色灯光和一个黄色灯光——表示进站信号机开放一个黄色灯光，如图 8-41 所示。

③ 一个黄色灯光——表示进站信号机在关闭状态，或表示进站信号机显示两个黄色灯光或一个黄色闪光和一个黄色灯光，如图 8-42 所示。

图 8-40　一个绿色灯光

图 8-41　一个绿色灯光和一个黄色灯光

图 8-42　一个黄色灯光

11）遮断及其预告信号机的形式

遮断及其预告信号机采用方形背板，并在机柱上涂有黑白相间的斜线，以区别于一般信号机（见图 8-37、图 8-38）。

12）调车色灯信号机显示的信号

① 一个月白色灯光——准许越过该信号机调车，如图 8-43 所示。

② 一个月白色闪光灯光——装有平面溜放调车区集中联锁设备时，准许溜放调车，如图 8-44 所示。

③ 一个蓝色灯光——不准越过该信号机调车，如图 8-45 所示。

不办理闭塞的站内岔线，在岔线入口处设置的调车信号机，可用红色灯光代替蓝色灯光，如图 8-46 左图所示。

起阻挡列车运行作用的调车信号机，应采用矮型三显示机构，增加红色灯光或用红色灯光代替蓝色灯光，如图 8-46 中图和右图所示。当该信号机的红色灯光熄灭、显示不明或显示不正确时，应视为列车的停车信号。

图 8-43　一个月白色灯光

图 8-44　一个月白色闪光灯光

图 8-45　一个蓝色灯光

图 8-46　其他调车信号机的灯光显示

13）驼峰色灯信号机及其复示信号机显示的信号

① 一个绿色灯光——准许机车车辆按规定速度向驼峰推进，如图 8-47 所示。

② 一个绿色闪光灯光——指示机车车辆加速向驼峰推进，如图 8-48 所示。

③ 一个黄色闪光灯光——指示机车车辆减速向驼峰推进，如图 8-49 所示。

④ 一个红色灯光——不准机车车辆越过该信号机或指示机车车辆停止作业，如图 8-50 所示。

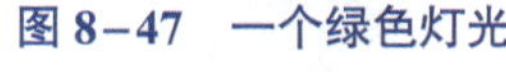

图 8-47　一个绿色灯光

图 8-48　一个绿色闪光灯光

图 8-49　一个黄色闪光灯光

图 8-50　一个红色灯光

⑤ 一个红色闪光灯光——指示机车车辆自驼峰退回，如图 8-51 所示。

⑥ 一个月白色灯光——指示机车到峰下，如图 8-52 所示。

⑦ 一个月白色闪光灯光——指示机车车辆去禁溜线或迂回线，如图 8-53 所示。

驼峰色灯信号机的复示信号机平时无显示，如图 8-54 所示。当办理驼峰推送进路后，其显示方式与驼峰色灯信号机相同。

图 8-51 一个红色闪光灯光

图 8-52 一个月白色灯光

图 8-53 一个月白色闪光灯光

图 8-54 驼峰色灯信号机的复示信号机平时无显示

14）驼峰色灯辅助信号机及其复示信号机显示的灯光

驼峰色灯辅助信号机及其复示信号机显示一个黄色灯光——指示机车车辆向驼峰预先推送，如图 8-55 所示。当办理驼峰推送进路后，其灯光显示与驼峰色灯信号机相同。

驼峰色灯辅助信号机平时显示红色灯光，对列车起停车信号作用。

驼峰色灯辅助信号机的复示信号机平时无显示，如图 8-54 所示。当办理驼峰推送进路或驼峰预先推送进路后，其显示方式与驼峰色灯辅助信号机相同。

15）色灯复示信号机

进站、接车进路及接发车进路信号机的色灯复示信号机采用灯列式机构，显示下列信号：

① 两个月白色灯光与水平线构成 60° 角显示——表示主体信号机显示经道岔直向位置向正线接车的信号，如图 8-56 所示。

② 两个月白色灯光水平位置显示——表示主体信号机显示经道岔侧向位置接车的信号，如图 8-57 所示。

③ 无显示——表示主体信号机在关闭状态，如图 8-58 所示。

图 8-55 一个黄色灯光

图 8-56 两个月白色灯光与水平线构成 60° 角显示

图 8-57 两个月白色灯光水平位置显示

图 8-58 无显示

出站及发车进路信号机的色灯复示信号机显示下列信号：

① 一个绿色灯光——表示主体信号机在开放状态，如图 8-59 所示。

② 无显示——表示主体信号机在关闭状态。

调车色灯复示信号机显示下列信号：

① 一个月白色灯光——表示调车信号机在开放状态，如图 8-60 所示。

② 无显示——表示调车信号机在关闭状态。

进站、出站、进路、驼峰及调车色灯复示信号机均采用方形背板，以区别于一般信号机。

图 8-59　一个绿色灯光

图 8-60　一个月白色灯光

8.2.2 臂板信号机

1. 进站臂板信号机显示的信号

① 昼间红色主臂板及黄色通过臂板下斜 45° 角，红色辅助臂板与机柱重叠；夜间两个绿色灯光——准许列车按规定速度经正线通过车站，表示出站信号机在开放状态，进路上的道岔均开通直向位置，如图 8-61 所示。

② 昼间红色主臂板下斜 45° 角，黄色通过臂板在水平位置，红色辅助臂板与机柱重叠；夜间一个绿色灯光和一个黄色灯光——准许列车经道岔直向位置，进入站内正线准备停车，如图 8-62 所示。

图 8-61　准许列车按规定速度经正线通过车站

图 8-62　准许列车经道岔直向位置进站信号显示

③ 昼间红色主臂板及红色辅助臂板下斜 45° 角，黄色通过臂板在水平位置；夜间一个绿色灯光和两个黄色灯光——准许列车经道岔侧向位置，进入站内准备停车，如图 8-63 所示。

④ 昼间红色主臂板及黄色通过臂板均在水平位置，红色辅助臂板与机柱重叠；夜间一个红色灯光和一个黄色灯光——不准列车越过该信号机，如图 8-64 所示。

图 8-63　准许列车经道岔侧向位置进站信号显示

图 8-64　不准列车越过该信号机信号显示

2. 出站臂板信号机显示的信号

① 昼间红色臂板下斜 45° 角，夜间一个绿色灯光——准许列车由车站出发，如图 8–65 所示。

② 昼间红色臂板在水平位置，夜间一个红色灯光——不准列车越过该信号机，如图 8–66 所示。

图 8–65　准许列车由车站出发信号显示

图 8–66　不准列车越过该信号机信号显示

③ 昼间红色主臂板及辅助臂板下斜 45° 角，夜间一个绿色灯光和一个黄色灯光——准许列车由车站出发，开往次要线路，如图 8–67 所示。

图 8–67　准许列车由车站出发开往次要线路信号显示

3. 通过臂板信号机显示的信号

① 昼间红色臂板下斜 45° 角，夜间一个绿色灯光——准许列车按规定速度运行，显示方式如图 8–65 所示。

② 昼间红色臂板在水平位置，夜间一个红色灯光——不准列车越过该信号机，显示方式如图 8–66 所示。

注意： *有分歧线路的线路所通过臂板信号机，应按进站臂板信号机装设。*

4. 预告臂板信号机显示的信号

① 昼间黄色臂板下斜 45° 角，夜间一个绿色灯光——表示主体信号机在开放状态，如图 8–68 所示。

② 昼间黄色臂板在水平位置，夜间一个黄色灯光——表示主体信号机在关闭状态，如图 8–69 所示。

图 8－68　主体信号机在开放状态信号显示　　图 8－69　主体信号机在关闭状态信号显示

5. 电动臂板复示信号机显示的信号

① 昼间黄色臂板下斜 45° 角，夜间一个绿色灯光——表示主体臂板信号机在开放状态，如图 8－70 所示。

② 昼间黄色臂板与机柱重叠，夜间无灯光——表示主体臂板信号机在关闭状态，如图 8－71 所示。

图 8－70　主体臂板信号机在开放状态信号显示

图 8－71　主体臂板信号机在关闭状态信号显示

8.2.3　机车信号机

机车信号机显示下列信号。

1. 三显示自动闭塞区段的连续式机车信号机

① 一个绿色灯光——准许列车按规定速度运行，表示列车接近的地面信号机显示绿色灯光，如图 8－72 所示。

② 一个半绿半黄色灯光——准许列车按规定速度注意运行，表示列车接近的地面信号机显示一个绿色灯光和一个黄色灯光，如图 8－73 所示。

③ 一个带“2”字的黄色闪光——要求列车注意运行，表示列车接近的地面信号机显示一个黄色灯光，并预告次一架地面信号机开放经 18 号及以上道岔侧向位置的进路，且列车运行前方第三架信号机开通直向进路或开放经 18 号及以上道岔侧向位置的进路，如图 8－74 所示。

图 8－72　一个绿色灯光信号显示

图 8－73　一个半绿半黄色灯光信号显示

图 8－74　一个带“2”字的黄色闪光信号显示

④ 一个带“2”字的黄色灯光——要求列车注意运行，表示列车接近的地面信号机显示一个黄色灯光，并预告次一架地面信号机开放经道岔侧向位置的进路（但不满足上述第③ 项条件），如图 8–75 所示。

⑤ 一个黄色灯光——要求列车注意运行，表示列车接近的地面信号机显示一个黄色灯光，并预告次一架地面信号机处于关闭状态，如图 8–76 所示。

⑥ 一个双半黄色闪光——要求列车限速运行，表示列车接近的地面信号机开放经 18 号及以上道岔侧向位置的进路，且次一架信号机开通直向进路或开放经 18 号及以上道岔侧向位置的进路；或表示列车接近设有分歧道岔线路所的地面信号机开放经 18 号及以上道岔侧向位置的进路、显示一个黄色闪光和一个黄色灯光，如图 8–77 所示。

图 8–75　一个带“2”字的黄色灯光信号显示

图 8–76　一个黄色灯光信号显示

图 8–77　一个双半黄色闪光信号显示

⑦ 一个双半黄色灯光——要求列车限速运行，表示列车接近的地面信号机开放经道岔侧向位置的进路（但不满足上述第⑥项条件）、显示两个黄色灯光或其他相应显示，如图 8–78 所示。

⑧ 一个半黄半红色闪光——表示列车接近的进站、接车进路或接发车进路信号机显示引导信号或通过信号机显示容许信号，如图 8–79 所示。

⑨ 一个半黄半红色灯光——要求及时采取停车措施，表示列车接近的地面信号机显示红色灯光，如图 8–80 所示。

图 8–78　一个双半黄色灯光信号显示

图 8–79　一个半黄半红色闪光信号显示

图 8–80　一个半黄半红色灯光信号显示

⑩ 一个红色灯光——表示列车已越过地面上显示红色灯光的信号机，如图 8–81 所示。

⑪ 一个白色灯光——不复示地面上的信号显示，机车乘务人员应按地面信号机的显示运行，如图 8–82 所示。

提示：无显示时，表示机车信号机在停止工作状态。

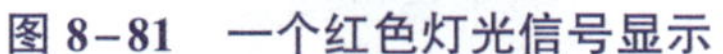
图 8-81　一个红色灯光信号显示

图 8-82　一个白色灯光信号显示

2. 四显示自动闭塞区段连续式机车信号机

① 一个绿色灯光——准许列车按规定速度运行，表示列车接近的地面信号机显示绿色灯光，如图 8-83 所示。

② 一个半绿半黄色灯光——准许列车按规定速度注意运行，表示列车接近的地面信号机显示一个绿色灯光和一个黄色灯光，如图 8-84 所示。

③ 一个带“2”字的黄色闪光——要求列车减速到规定的速度等级越过接近的显示一个黄色灯光的地面信号机，并预告次一架地面信号机开放经 18 号及以上道岔侧向位置的进路，且列车运行前方第三架信号机开通直向进路或开放经 18 号及以上道岔侧向位置的进路，如图 8-85 所示。

图 8-83　一个绿色灯光信号显示

图 8-84　一个半绿半黄色灯光信号显示

图 8-85　一个带“2”字的黄色闪光信号显示

④ 一个带“2”字的黄色灯光——要求列车减速到规定的速度等级越过接近的显示一个黄色灯光的地面信号机，并预告次一架地面信号机开放经道岔侧向位置的进路（但不满足上述第③项条件），如图 8-86 所示。

⑤ 一个黄色灯光——要求列车减速到规定的速度等级越过接近的显示一个黄色灯光的地面信号机，并预告次一架地面信号机处于关闭状态，如图 8-87 所示。

⑥ 一个双半黄色闪光——要求列车限速运行，表示列车接近的地面信号机开放经 18 号及以上道岔侧向位置的进路，且次一架信号机开通直向进路或开放经 18 号及以上道岔侧向位置的进路；或表示列车接近设有分歧道岔线路所的地面信号机开放经 18 号及以上道岔侧向位置的进路、显示一个黄色闪光和一个黄色灯光，如图 8-88 所示。

图 8-86　一个带“2”字的黄色灯光信号显示

图 8-87　一个黄色灯光信号显示

图 8-88　一个双半黄色闪光信号显示

⑦ 一个双半黄色灯光——要求列车限速运行，表示列车接近的地面信号机开放经道岔侧向位置的进路（但不满足上述第⑥项条件）、显示两个黄色灯光或其他相应显示，如图 8–89 所示。

⑧ 一个半黄半红色闪光——表示列车接近的进站、接车进路或接发车进路信号机显示引导信号或通过信号机显示容许信号，如图 8–90 所示。

图 8–89　一个双半黄色灯光信号显示

图 8–90　一个半黄半红色闪光信号显示

⑨ 一个半黄半红色灯光——要求及时采取停车措施，表示列车接近的地面信号机显示红色灯光，如图 8–91 所示。

⑩ 一个红色灯光——表示列车已越过地面上显示红色灯光的信号机，如图 8–92 所示。

⑪ 一个白色灯光——不复示地面上的信号显示，机车乘务人员应按地面信号机的显示运行，如图 8–93 所示。

图 8–91　一个半黄半红色灯光信号显示

图 8–92　一个红色灯光信号显示

图 8–93　一个白色灯光信号显示

提示：

① 无显示时，表示机车信号机在停止工作状态。

② 接近连续式机车信号机的显示方式与连续式机车信号机相同。

③ LKJ 屏幕显示器的机车信号显示应与机车信号机的显示含义相同。

8.3　移动信号、响墩、火炬信号、无线调车灯显信号及手信号

8.3.1　移动信号

1. 停车信号

昼间——表面有反光材料的红色方牌；夜间——柱上红色灯光，如图 8–94 所示。

2. 减速信号

① 表面有反光材料的黄底黑字圆牌，标明列车限制速度，如图 8–95 所示。

② 施工及其限速区段，在减速信号牌外方增设的特殊减速信号牌为表面有反光材料的黄底黑“T”字圆牌，如图 8–96 所示。

图 8–94　停车信号

图 8–95　标明列车限制速度的减速信号牌

图 8–96　在减速信号牌外方增设的特殊减速信号牌

3. 减速防护地段终端信号

表面有反光材料的绿色圆牌，如图 8–97 所示。在单线区段，司机应看线路右侧减速信号牌背面的绿色圆牌。

在有 1 万 t 或 2 万 t（含 1.5 万 t）货物列车运行的线路增设的 1 万 t、2 万 t（含 1.5 万 t）减速防护地段终端信号牌为表面有反光材料的绿底黑“W”字（1 万 t）或黑“L”字（1.5 万 t 和 2 万 t）圆牌，如图 8–98 所示。

图 8–97　普通减速防护地段终端信号牌

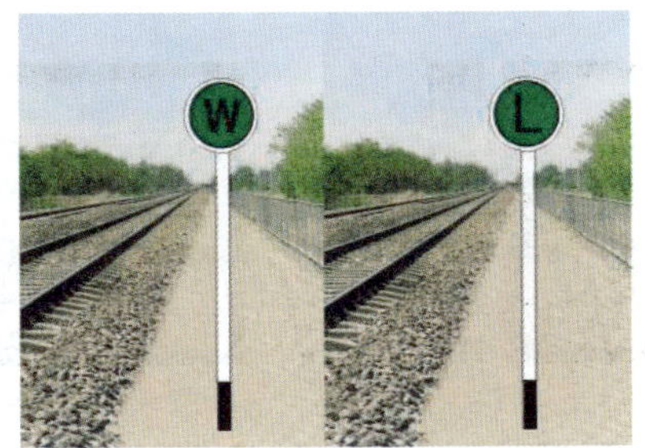

图 8–98　万吨货物列车线路的减速防护地段终端信号牌

4. 带有脱轨器的信号牌

在站内线路上检查、修理、整备车辆或进行装卸作业时，应在两端来车方向的左侧钢轨设置带有脱轨器的固定或移动信号牌（灯）进行防护，前后两端的防护距离均应不小于 20 m，如图 8–99 所示；不足 20 m 时，应将道岔锁闭在不能通往该线的位置。

图 8–99　带有脱轨器的信号牌

5. 旅客列车在到发线上进行车辆技术作业时的防护信号

旅客列车在到发线上进行车辆技术作业时，用红色信号旗（灯）进行防护，可不设脱轨器。红色信号旗（灯）的设置如下：

① 机车摘挂相关作业时，在机次一位客车非站台侧设置。

② 技术检查作业时，在机次一位客车前端非站台侧和尾部客车后端站台侧设置。车辆乘务员单班单人值乘列车，在无客列检车站进行站折技术检查作业时，仅在来车端一位客车前端站台侧设置。

③ 处理车辆故障时，在故障车辆站台侧设置。

8.3.2　响墩及火炬信号

响墩爆炸声及火炬信号的火光（如图 8–100、图 8–101 所示），均要求紧急停车。停车后如无防护人员，机车乘务人员应立即检查前方线路，如果无异状，列车以在瞭望距离内能随时停车的速度继续运行，但速度最高不得超过 20 km/h。在自动闭塞区间，运行至前方第一架通过（进站）信号机前，如果无异状，即可按该信号机显示的要求执行；在半自动或自动站间闭塞区间，经过 1 km 后，如果无异状，可恢复正常速度运行。

图 8–100　响墩信号

图 8–101　火炬信号

8.3.3　无线调车灯显信号

使用无线调车灯显制式（如图 8–102 所示）的信号显示方式如下：

① 一个红灯——停车信号。

② 一个绿灯——推进信号。

③ 绿灯闪数次后熄灭——起动信号。

④ 绿、红灯交替后绿灯长亮——连结信号。

⑤ 绿、黄灯交替后绿灯长亮——溜放信号。

⑥ 黄灯闪后绿灯长亮——减速信号。

⑦ 黄灯长亮——十、五、三车距离信号：

a）十车距离信号（加辅助语音提示）；

b）五车距离信号（加辅助语音提示）；

c）三车距离信号（加辅助语音提示）。

⑧ 两个红灯——紧急停车信号。

⑨ 先两个红灯后熄灭一个红灯——解锁信号。

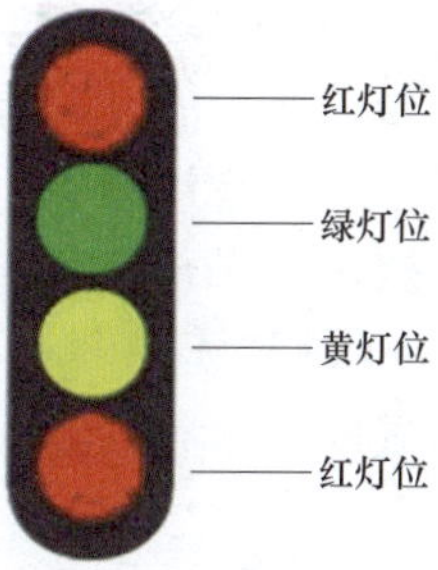

红灯位
绿灯位
黄灯位
红灯位

图 8–102　无线调车灯显制式

8.3.4　手信号

1. 列车运行时的手信号显示方式

1）停车信号：要求列车停车

昼间——展开的红色信号旗；夜间——红色灯光，如图 8–103 所示。

昼间无红色信号旗时，两臂高举头上向两侧急剧摇动；夜间无红色灯光时，用白色灯光上下急剧摇动，如图 8–104 所示。

图 8–103　停车手信号

图 8–104　特殊情况下的停车手信号

2）减速信号：要求列车降低到要求的速度

昼间——展开的黄色信号旗；夜间——黄色灯光，如图 8–105 所示。

昼间无黄色信号旗时，用绿色信号旗下压数次；夜间无黄色灯光时，用白色或绿色灯光下压数次，如图 8–106 所示。

图 8–105　减速手信号

图 8–106　特殊情况下的减速手信号

3）发车信号：要求司机发车

昼间——展开的绿色信号旗上弧线向列车方面做圆形转动；夜间——绿色灯光上弧线向列车方面做圆形转动，如图 8–107 所示。

提示：在设有发车表示器的车站，按发车表示器显示发车。

4）通过手信号：准许列车由车站（场）通过

昼间——展开的绿色信号旗；夜间——绿色灯光，如图 8–108 所示。

图 8–107　发车手信号

图 8–108　通过手信号

5）引导手信号：准许列车进入车场或车站

昼间——展开的黄色信号旗高举头上左右摇动；夜间——黄色灯光高举头上左右摇动，如图 8–109 所示。

6）特定引导手信号显示方式

昼间为展开的绿色信号旗高举头上左右摇动，夜间为绿色灯光高举头上左右摇动，如图 8–110 所示。

图 8–109 引导手信号

图 8–110 特定引导手信号

2. 调车手信号的显示方式

1）停车信号

显示方式如图 8–103 所示。

2）减速信号

昼间——展开的绿色信号旗下压数次；夜间——绿色灯光下压数次，显示方式如图 8–106 所示。

3）指挥机车向显示人方向来的信号

昼间——展开的绿色信号旗在下部左右摇动；夜间——绿色灯光在下部左右摇动，如图 8–111 所示。

4）指挥机车向显示人方向稍行移动的信号

昼间——拢起的红色信号旗直立平举，再用展开的绿色信号旗左右小动；夜间——绿色灯光下压数次后，再左右小动，如图 8–112 所示。

图 8–111 指挥机车向显示人方向来手信号

图 8–112 指挥机车向显示人方向稍行移动手信号

5）指挥机车向显示人反方向去的信号

昼间——展开的绿色信号旗上下摇动；夜间——绿色灯光上下摇动，如图 8–113 所示。

6）指挥机车向显示人反方向稍行移动的信号

昼间——拢起的红色信号旗直立平举，再用展开的绿色信号旗上下小动；夜间——绿色灯光上下小动，如图 8-114 所示。

提示：对显示第 2）～6）款中转信号，昼间可用单臂，夜间可用白色灯光依式中转。

图 8-113　指挥机车向显示人反方向去手信号

图 8-114　指挥机车向显示人反方向稍行移动手信号

3. 联系用的手信号显示方式

1）道岔开通信号：表示进路道岔准备妥当

昼间——拢起的黄色信号旗高举头上左右摇动；夜间——白色灯光高举头上，如图 8-115 所示。

机车出入段进路道岔准备妥当后，显示如下道岔开通信号：

昼间——展开的黄色信号旗高举头上左右摇动；夜间——黄色灯光高举头上左右摇动，如图 8-116 所示。

图 8-115　进路道岔开通手信号

图 8-116　道岔开通手信号

2）股道号码信号：要道或回示股道开通号码

一道：昼间——两臂左右平伸；夜间——白色灯光左右摇动，如图 8-117 所示。

二道：昼间——右臂向上直伸，左臂下垂；夜间——白色灯光左右摇动后，从左下方向右上方高举，如图 8-118 所示。

图 8-117　一道手信号

图 8-118　二道手信号

三道：昼间——两臂向上直伸；夜间——白色灯光上下摇动，如图 8-119 所示。

四道：昼间——右臂向右上方，左臂向左下方各斜伸 45° 角；夜间——白色灯光高举头上左右小动，如图 8–120 所示。

图 8–119 三道手信号

图 8–120 四道手信号

五道：昼间——两臂交叉于头上；夜间——白色灯光做圆形转动，如图 8–121 所示。

六道：昼间——左臂向左下方，右臂向右下方各斜伸 45° 角；夜间——白色灯光做圆形转动后，再左右摇动，如图 8–122 所示。

图 8–121 五道手信号

图 8–122 六道手信号

七道：昼间——右臂向上直伸，左臂向左平伸；夜间——白色灯光做圆形转动后，左右摇动，然后再从左下方向右上方高举，如图 8–123 所示。

八道：昼间——右臂向右平伸，左臂下垂；夜间——白色灯光做圆形转动后，再上下摇动，如图 8–124 所示。

图 8–123 七道手信号

图 8–124 八道手信号

九道：昼间——右臂向右平伸，左臂向右下斜 45° 角；夜间——白色灯光做圆形转动后，再高举头上左右小动，如图 8–125 所示。

十道：昼间——左臂向左上方，右臂向右上方各斜伸 45° 角；夜间——白色灯光左右摇动后，再上下摇动做成十字形，如图 8–126 所示。

图 8-125　九道手信号

图 8-126　十道手信号

十一至十九道，须先显示十道股道号码，再显示所要股道号码的个位数信号。

二十道及其以上的股道号码，各站根据需要自行规定，并纳入《铁路行车工作细则》。

3）连结信号：表示连挂作业

昼间——两臂高举头上，使拢起的手信号旗杆成水平末端相接；夜间——红、绿色灯光（无绿色灯光的人员，用白色灯光）交互显示数次，如图 8-127 所示。

4）溜放信号：表示溜放作业

昼间——拢起的手信号旗两臂高举头上交叉后，急向左右摇动数次；夜间——红色灯光做圆形转动，如图 8-128 所示。

图 8-127　连结手信号

图 8-128　溜放手信号

5）停留车位置信号：表示车辆停留地点

夜间——白色灯光左右小摇动，如图 8-129 所示。

6）十、五、三车距离信号：表示推进车辆的前端距被连挂车辆的距离

昼间——展开的绿色信号旗单臂平伸，夜间——绿色灯光，在距离停留车十车（约 110 m）时连续下压三次，五车（约 55 m）时连续下压两次，三车（约 33 m）时下压一次，如图 8-130 所示。

图 8-129　停留车位置手信号

图 8-130　十、五、三车距离手信号

7）取消信号：通知将前发信号取消

昼间——拢起的手信号旗，两臂于前下方交叉后，急向左右摇动数次；夜间——红色灯光做圆形转动后，上下摇动，如图 8－131 所示。

8）要求再度显示信号：前发信号不明，要求重新显示

昼间——拢起的手信号旗右臂向右方上下摇动；夜间——红色灯光上下摇动，如图 8－132 所示。

图 8－131　取消手信号

图 8－132　要求再度显示手信号

9）告知显示错误的信号：告知对方信号显示错误

昼间——拢起的手信号旗两臂左右平伸同时上下摇动数次；夜间——红色灯光左右摇动，如图 8－133 所示。

4. 手信号显示要求

在显示手信号时，凡昼间持有手信号旗的人员，应将信号旗拢起，左手持红旗，右手持绿旗（扳道员右手持黄旗），不持信号旗的人员徒手按各规定方式显示信号。

5. 试验列车自动制动机的手信号显示方式

1）制动

昼间——用检查锤高举头上；夜间——白色灯光高举，如图 8－134 所示。

图 8－133　告知显示错误的手信号

图 8－134　制动手信号

2）缓解

昼间——用检查锤在下部左右摇动；夜间——白色灯光在下部左右摇动，如图 8－135 所示。

3）试验结束

昼间——用检查锤做圆形转动；夜间——白色灯光做圆形转动，如图 8－136 所示。

图 8-135 缓解手信号

图 8-136 试验结束手信号

提示：① 车站人员显示上述信号时，昼间可用拢起的信号旗代替。司机应注意瞭望试验信号，并按规定回答。

② 如果列车制动主管未达到规定压力，试验人员要求司机继续充风时，按照缓解的信号同样显示。

6. 接触网故障临时降弓通过时的手信号显示方式

发现接触网故障，需要机车临时降弓通过时，发现的人员应在规定地点显示下列手信号：

1）降弓手信号

昼间——左臂垂直高举，右臂前伸并左右水平重复摇动；夜间——白色灯光上下左右重复摇动，如图 8-137 所示。

2）升弓手信号

昼间——左臂垂直高举，右臂前伸并上下重复摇动；夜间——白色灯光做圆形转动，如图 8-138 所示。

图 8-137 降弓手信号

图 8-138 升弓手信号

8.4 信号表示器及标志

8.4.1 信号表示器

1. 道岔表示器的显示方式

① 昼间无显示；夜间为紫色灯光——表示道岔位置开通直向，如图 8-139 所示。

② 昼间为中央划有一条鱼尾形黑线的黄色鱼尾形牌；夜间为黄色灯光——表示道岔位置开通侧向，如图 8-140 所示。

图 8-139 道岔位置开通直向的道岔表示器

图 8-140 道岔位置开通侧向的道岔表示器

③ 当调车区为集中联锁时，进行连续溜放作业的分歧道岔应有道岔表示器，其平时无显示，当进行溜放作业时显示方式如下：

a）紫色灯光——表示道岔开通直向，如图 8-141 左图所示。

b）黄色灯光——表示道岔开通侧向，如图 8-141 右图所示。

图 8-141 分歧道岔的道岔表示器

2. 脱轨表示器的显示方式

① 带白边的红色长方牌及红色灯光——表示线路在遮断状态，如图 8-142 所示。

② 带白边的绿色圆牌及月白色灯光——表示线路在开通状态，如图 8-143 所示。

3. 进路表示器的显示方式

进路表示器在其主体信号机开放时点亮，用于区别进路开通方向或双线区段反方向发车，不能独立构成信号显示。

1）两个发车方向

两个发车方向时，当信号机在开放的条件下，分别按左、右两个白色灯光，区别进路开通方向，如图 8-144 所示。

图 8-142 线路在遮断状态的脱轨表示器

图 8-143 线路在开通状态的脱轨表示器

图 8-144 用两个白灯区分进路方向

2）三个发车方向

三个发车方向时，其显示方式如下：

信号机在开放状态及表示器左方显示一个白色灯光——表示进路开通，准许列车向左侧线路发车，如图 8–145 所示。

信号机在开放状态及表示器中间显示一个白色灯光——表示进路开通，准许列车向中间线路发车，如图 8–146 所示。

信号机在开放状态及表示器右方显示一个白色灯光——表示进路开通，准许列车向右侧线路发车，如图 8–147 所示。

图 8–145　准许列车向左侧线路发车信号

图 8–146　准许列车向中间线路发车信号

图 8–147　准许列车向右侧线路发车信号

3）四个及以上发车方向

四个及其以上发车方向，进路表示器按灯光排列表示。

四个发车方向（A、B、C、D 方向）的显示方式如下：

① 信号机在开放状态及表示器左方横向显示两个白色灯光——表示进路开通，准许列车向左侧 A 方向线路发车，如图 8–148 所示。

② 信号机在开放状态及表示器左方斜向显示两个白色灯光——表示进路开通，准许列车向左侧 B 方向线路发车，如图 8–149 所示。

③ 信号机在开放状态及表示器右方斜向显示两个白色灯光——表示进路开通，准许列车向右侧 C 方向线路发车，如图 8–150 所示。

图 8–148　准许列车向左侧 A 方向线路发车信号

图 8–149　准许列车向左侧 B 方向线路发车信号

图 8–150　准许列车向右侧 C 方向线路发车信号

④ 信号机在开放状态及表示器右方横向显示两个白色灯光——表示进路开通，准许列车向右侧 D 方向线路发车，如图 8–151 所示。

五个发车方向（A、B、C、D、E 方向）的显示方式如下：

① 同四个发车方向的第① 项——表示进路开通，准许列车向左侧 A 方向线路发车，如图 8－148 所示。

② 同四个发车方向的第② 项——表示进路开通，准许列车向左侧 B 方向线路发车，如图 8－149 所示。

③ 信号机在开放状态及表示器中间竖向显示两个白色灯光——表示进路开通，准许列车向中间 C 方向线路发车，如图 8－152 所示。

图 8－151　准许列车向右侧 D 方向线路发车信号

图 8－152　准许列车向中间 C 方向线路发车信号

④ 同四个发车方向的第③ 项——表示进路开通，准许列车向右侧 D 方向线路发车，如图 8－150 所示。

⑤ 同四个发车方向的第④项——表示进路开通，准许列车向右侧 E 方向线路发车，如图 8－151 所示。

六个发车方向（A、B、C、D、E、F 方向）的显示方式如下：

① 信号机在开放状态及表示器左方竖向显示两个白色灯光——表示进路开通，准许列车向左侧 A 方向线路发车，如图 8－153 所示。

② 信号机在开放状态及表示器左方横向显示两个白色灯光——表示进路开通，准许列车向左侧 B 方向线路发车，如图 8－154 所示。

③ 信号机在开放状态及表示器左方斜向显示两个白色灯光——表示进路开通，准许列车向左侧 C 方向线路发车，如图 8－155 所示。

图 8－153　准许列车向左侧 A 方向线路发车信号

图 8－154　准许列车向左侧 B 方向线路发车信号

图 8－155　准许列车向左侧 C 方向线路发车信号

④ 信号机在开放状态及表示器右方斜向显示两个白色灯光——表示进路开通，准许列车向右侧 D 方向线路发车，如图 8－156 所示。

⑤ 信号机在开放状态及表示器右方横向显示两个白色灯光——表示进路开通，准许列车向右侧 E 方向线路发车，如图 8－157 所示。

⑥ 信号机在开放状态及表示器右方竖向显示两个白色灯光——表示进路开通，准许列车向右侧 F 方向线路发车，如图 8－158 所示。

七个发车方向（A、B、C、D、E、F、G 方向）的显示方式如下：

① 同六个发车方向的第① 项——表示进路开通，准许列车向左侧 A 方向线路发车，如图 8－153 所示。

② 同六个发车方向的第② 项——表示进路开通，准许列车向左侧 B 方向线路发车，如图 8－154 所示。

③ 同六个发车方向的第③ 项——表示进路开通，准许列车向左侧 C 方向线路发车，如图 8－155 所示。

④ 信号机在开放状态及表示器中间竖向显示两个白色灯光——表示进路开通，准许列车向中间 D 方向线路发车，如图 8－159 所示。

⑤ 同六个发车方向的第④ 项——表示进路开通，准许列车向右侧 E 方向线路发车，如图 8－156 所示。

⑥ 同六个发车方向的第⑤ 项——表示进路开通，准许列车向右侧 F 方向线路发车，如图 8－157 所示。

⑦ 同六个发车方向的第⑥ 项——表示进路开通，准许列车向右侧 G 方向线路发车，如图 8－158 所示。

图 8－156　准许列车向右侧 D 方向线路发车信号

图 8－157　准许列车向右侧 E 方向线路发车信号

图 8－158　准许列车向右侧 F 方向线路发车信号

图 8－159　准许列车向中间 D 方向线路发车信号

4）双线区段反方向发车

在双线区段仅用于区分反方向发车时，其显示方式如下：

① 信号机在开放状态且表示器不点亮——准许列车正方向发车，如图 8－160 所示。

② 信号机在开放状态且表示器显示一个白色灯光——准许列车反方向发车，如图 8－161 所示。

图 8–160 准许列车正方向发车信号

图 8–161 准许列车反方向发车信号

4. 发车线路表示器的显示方式

发车线路表示器在线群出站信号机开放后显示一个白色灯光——准许该线路上的列车发车，如图 8–162 所示。

对于不许发车的线路，所属该线路的发车线路表示器不能点亮。

提示：发车线路表示器可用于驼峰调车场，作为调车线路表示器，显示一个白色灯光——准许调车。

5. 发车表示器的显示方式

发车表示器常态下不显示；显示一个白色灯光——表示车站人员准许发车，如图 8–163 所示。

图 8–162 准许该线路上的列车发车信号

图 8–163 车站人员准许发车信号

6. 调车表示器的显示方式

① 向调车区方向显示一个白色灯光——准许机车车辆自调车区向牵出线运行，如图 8–164 所示。

② 向牵出线方向显示一个白色灯光——准许机车车辆自牵出线向调车区运行，如图 8–165 所示。

③ 向牵出线方向显示两个白色灯光——准许机车车辆自牵出线向调车区溜放，如图 8–166 所示。

图 8–164 准许机车车辆自调车区向牵出线运行信号

图 8–165 准许机车车辆自牵出线向调车区运行信号

图 8–166 准许机车车辆自牵出线向调车区溜放信号

7. 车挡表示器的显示方式

车挡表示器设置在线路终端的车挡上，昼间为一个红色方牌；夜间显示一个红色灯光，如图 8–167 所示。

注意：安全线及避难线可不设置车挡表示器。

图 8–167　车挡表示器

8.4.2　线路标志及信号标志

1. 分类

① **线路标志：**包括公里标、半公里标，曲线标，圆曲线和缓和曲线的始终点标，桥梁标，隧道（明洞）标，坡度标，以及铁路局集团公司、工务段、线路车间、线路工区和供电段的界标。

② **信号标志：**包括警冲标，站界标，预告标，引导员接车地点标，司机鸣笛标，电气化区段的电力机车禁停标，断电标、合电标，接触网终点标，准备降下受电弓标、降下受电弓标、升起受电弓标，作业标，减速地点标，补机终止推进标、机车停车位置标，四显示机车信号接通标，四显示机车信号断开标，轨道电路调谐区标志，级间转换标，通信模式转换标，以及除雪机用的临时信号标志等。

2. 位置

线路标志、信号标志应设在其内侧距线路中心不小于 3.1 m 处（警冲标除外）。

1）线路标志

线路标志按计算公里方向设在线路左侧。双线区段须另设线路标志时，应设在列车运行方向左侧。

① 公里标、半公里标，设在一条线路自起点计算每一整公里、半公里处，如图 8–168 所示。

② 曲线标，设在曲线中点处，标明曲线中心里程（侧面）、半径大小、曲线和缓和曲线长度，如图 8–169 所示。

图 8–168　公里标、半公里标

图 8–169　曲线标

③ 圆曲线和缓和曲线的始终点标，设在直缓、缓圆、圆缓、缓直各点处，标明所向方向为直线、圆曲线或缓和曲线，如图 8-170 所示。

④ 桥梁标，设在桥梁两端桥头处，标明桥梁编号、中心里程和长度，如图 8-171 所示。

图 8-170　圆曲线和缓和曲线的始终点标

图 8-171　桥梁标

⑤ 隧道（明洞）标，直接标注在隧道（明洞）两端洞门端墙上，标明隧道号或名称，中心里程和长度，如图 8-172 所示。

⑥ 坡度标，设在线路坡度的变坡点处，两侧各标明其所向方向的上、下坡度值及其长度，如图 8-173 所示。

图 8-172　隧道（明洞）标

图 8-173　坡度标

⑦ 铁路局集团公司、工务段、线路车间、线路工区和供电段的界标，设在各单位管辖地段的分界点处，两侧标明所向的单位名称，如图 8-174 所示。

2）信号标志

信号标志设在列车运行方向左侧（警冲标除外）。双线区段的轨道电路调谐区标志设在线路外侧。

① 警冲标，设在两会合线路线间距离为 4 m 的中间。线间距离不足 4 m 时，设在两线路中心线最大间距的起点处，如图 8-175 所示。在线路曲线部分所设道岔附近的警冲标与线路中心线间的距离应按限界的加宽增加。

② 站界标，设在双线区间列车运行方向左侧最外方顺向道岔（对向出站道岔的警冲标）外不少于 50 m 处，或邻线进站信号机相对处，如图 8-176 所示。

图 8-174　界标

图 8-175　警冲标

图 8-176　站界标

③ 预告标，设在进站信号机及线路所通过信号机外方 900 m、1 000 m 及 1 100 m 处，如图 8－177 所示，但在设有预告或接近信号机及自动闭塞的区段，均不设预告标。

在双线区间，退行的列车看不见邻线的预告标时，在距站界外 1 100 m 处特设一个预告标，如图 8－178 所示。

图 8－177　预告标

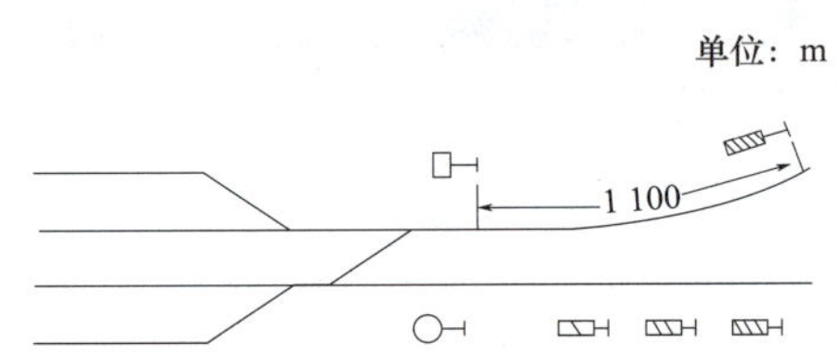

图 8－178　双线区间列车退行预告标

④ 引导员接车地点标，列车在距站界 200 m 以外，不能看见引导人员在进站信号机或站界标处显示的手信号时，须在列车距站界 200 m 外能清晰地看见引导人员手信号的地点设置，引导员接车地点标，如图 8－179 所示。

⑤ 司机鸣笛标，设在道口、大桥、隧道及视线不良地点的前方 500～1 000 m 处，如图 8－180 所示。在非限鸣区域，司机见此标志须长声鸣笛；在限鸣区域内，司机见此标志应开启灯显示警设备，除遇危及行车安全等情况外，限制鸣笛。

⑥ 电力机车禁停标，设在站场、区间接触网不同供电臂间的电分段两端，电力机车在该标志提示的禁停区域内不得停留，如图 8－181 所示。

图 8－179　引导员接车地点标

图 8－180　司机鸣笛标

图 8－181　电力机车禁停标

⑦ 在电气化区段接触网电分相前方，分别设断电标（如图 8－182 左图所示）、禁止双弓标（如图 8－183 所示）。对于最高运行速度大于 120 km/h 的旅客列车、特快货物班列及最高运行速度为 120 km/h 的货物列车、快速货物班列运行的线路，在断电标的前方增设特殊断电标（如图 8－182 右图所示）。在接触网电分相后方设合电标（如图 8－184 所示），设置位置如图 8－185 所示。在双线电气化区段，在“合”“断”电标背面，可分别加装“断”“合”字标，作为反方向行车的“断”“合”电标使用。

图 8-182 断电标

图 8-183 禁止双弓标

图 8-184 合电标

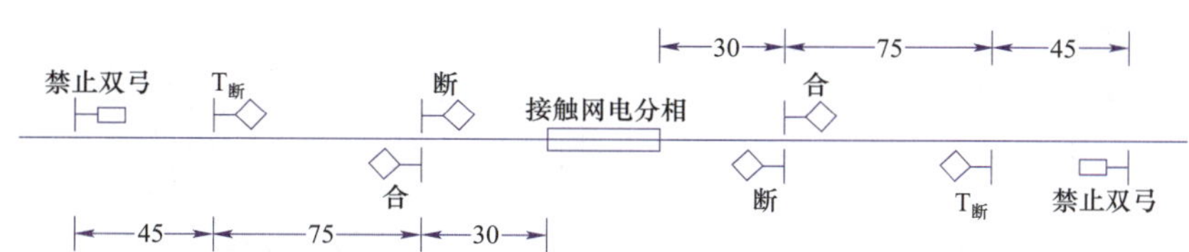

图 8-185 相关标志设置位置

⑧ 接触网终点标，设在接触网边界，如图 8-186 所示。

图 8-186 接触网终点标

⑨ 在电气化线路接触网故障降弓地段前方，分别设准备降弓标（如图 8-187 所示）、降弓标（如图 8-188 左图所示）；对于最高运行速度大于 120 km/h 的旅客列车、特快货物班列及最高运行速度为 120 km/h 的货物列车、快速货物班列运行的线路，在降下受电弓标的前方增设特殊降弓标（如图 8-188 右图所示）。在降弓地段后方，设升弓标（如图 8-189 所示），设置位置如图 8-190 所示。

图 8-187 准备降弓标

图 8-188 降弓标

图 8-189 升弓标

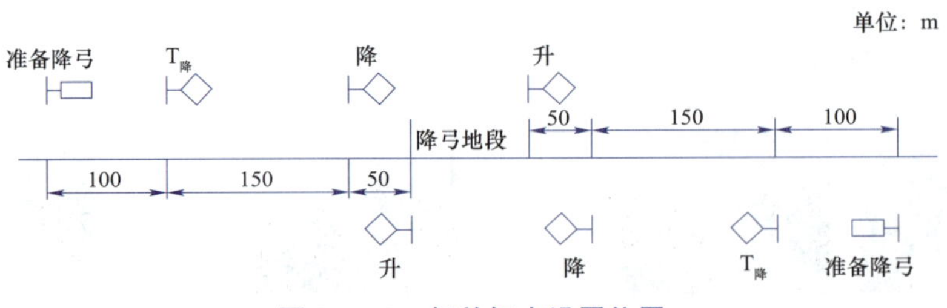

图 8–190　相关标志设置位置

⑩ 作业标，设在施工线路及其邻线距施工地点两端 500～1 000 m 处，如图 8–191 所示。司机见此标志须长声鸣笛，注意瞭望。

⑪ 减速地点标，设在需要减速地点的两端各 20 m 处。正面表示列车应按规定限速通过地段的始点，背面表示列车应按规定限速通过地段的终点，如图 8–192 所示。

图 8–191　作业标

图 8–192　减速地点标

⑫ 补机终止推进标（如图 8–193 所示）、机车停车位置标（如图 8–194 所示），设置位置由铁路局集团公司规定。

图 8–193　补机终止推进标

图 8–194　机车停车位置标

⑬ 四显示机车信号接通标（机车信号接通标）：涂有白底色、黑竖线、黑框的反光菱形板及黑白相间的立柱标志，如图 8–195 所示。

⑭ 四显示机车信号断开标：涂有白底色、中间断开的黑横线、黑框的反光菱形板及黑白相间的立柱标志，如图 8–196 所示。

图 8-195　四显示机车信号接通标

图 8-196　四显示机车信号断开标

⑮ 轨道电路调谐区标志有以下 3 类：

Ⅰ型为反方向区间停车位置标，涂有白底色、黑框、黑“停”字、斜红道，标明调谐区长度的反光菱形板标志，如图 8-197 所示。

Ⅱ型为反方向行车困难区段的容许信号标，涂有黄底色、黑框、黑“停”字、斜红道，标明调谐区长度的反光菱形板标志，如图 8-198 所示。

Ⅲ型用于反方向运行合并轨道区段之间的调谐区或因轨道电路超过允许长度而设立分隔点的调谐区，为涂有蓝底色、白“停”字、斜红道，标明调谐区长度的反光菱形板标志，如图 8-199 所示。

提示：以上三种调谐区标志均使用黑白相间的立柱。

图 8-197　Ⅰ型轨道电路调谐区标志

图 8-198　Ⅱ型轨道电路调谐区标志

图 8-199　Ⅲ型轨道电路调谐区标志

⑯ 级间转换标：在 CTCS-0/CTCS-2 级转换边界一定距离前方的级间转换应答器组对应的线路左侧设级间转换标。该标志采用涂有白底色、黑框、写有黑“C0”“C2”标记的反光菱形板及黑白相间的立柱，如图 8-200 所示。

图 8-200　级间转换标

⑰ 通信模式转换标：在始发站列车停车标内方或需要转换通信模式的相应地点设机车综合无线通信设备通信模式转换提示标志，标志牌顶边距轨面 2.5 m。该标志表面采用涂有白底色、黑框、写有黑“通信转换”字样的方形板，如图 8–201 所示。

图 8–201　通信模式转换标

3. 通知操纵除雪机人员的临时信号标志

① 除雪机工作阻碍标——表示前面有道口、道岔、桥梁等建（构）筑物，妨碍除雪机在工作状态下通过。

② 除雪机工作阻碍解除标——表示已通过阻碍地点。

上述标志的设置如图 8–202 所示。

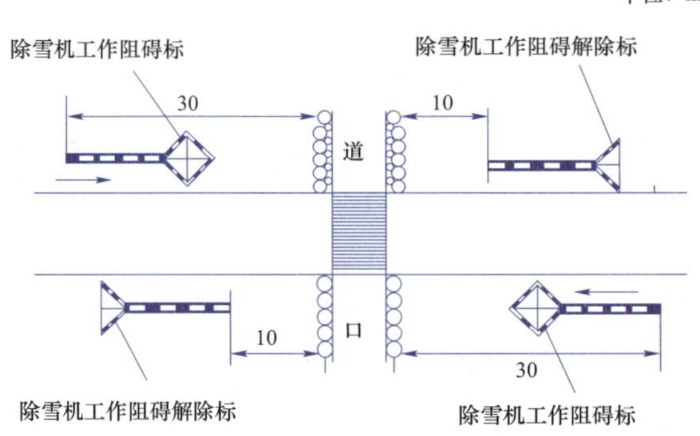

图 8–202　除雪机工作标志

8.4.3　线路安全保护标志

铁路线路安全保护区的范围按《铁路安全管理条例》的规定执行。线路安全保护区标桩分为 A 型（如图 8–203 左图所示）、B 型（如图 8–203 右图所示）两种。

图 8–203　线路安全保护区标桩

A 型标桩为基本型，沿铁路线路安全保护区边界每 200 m 左右设置一个，特殊地段可增加或减少设置数量，人烟稀少地区可不设置。

B 型标桩为辅助型，适于在人员活动频繁地段的道口、桥隧两端、公路立交桥附近醒目地点、居民区附近和人身伤害事故多发地段的铁路线路安全保护区边界设置。

注意：标桩在铁路线路两侧规定距离设置时，应与线路另一侧标桩相错埋设。

1. 设置警示、保护标志的位置

① 在未全封闭的铁路桥梁、隧道两端的线路两侧，设严禁通过标，如图 8-204 左上图所示。

② 在铁路桥梁跨越河道上下游规定的地点，设严禁采砂标，如图 8-204 右上图所示。

③ 在铁路信号、通信光（电）缆埋设地点，设电缆标，如图 8-204 左下图所示。

④ 在电气化铁路接触网、自动闭塞供电线路和电力贯通线路等电力设施附近易发生危险的地方，设严禁进入标，如图 8-204 右下图所示。

图 8-204 线路安全警示、保护标志

2. 人行过道路障桩

在铁路线路允许行人、自行车通过，禁止机动车通过的人行过道应设置人行过道路障桩，如图 8-205 所示。

图 8-205 人行过道路障桩

8.4.4 列车标志

列车应根据其种类及运行的线路和方向，在头部和尾部分别显示不同的列车标志。列车标志的显示方式，昼间与夜间相同，但昼间不点灯，其显示方式如下：

① 当列车在双线区段正方向及单线区段运行时，机车前端一个头灯及中部右侧一个白色灯光，如图 8–206 所示。列车尾部两个侧灯，向后显示红色灯光，向前显示白色灯光；当挂有货物列车列尾装置时，为列尾装置向后显示红白相间的反射标志和一个红色闪光灯光，如图 8–207 所示。

图 8–206　机车前端标志

图 8–207　列尾标志

② 当列车在双线区段反向运行时，机车前端一个头灯及中部右侧一个红色灯光（如图 8–208 所示）；列车尾部标志与第①款同。

图 8–208　双线区段反方向运行时的列车头部标志

③ 当列车推进运行时，列车前端两个侧灯，向前显示红色灯光，向后显示白色灯光；当挂有货物列车列尾装置时，为列尾装置向前显示红白相间的反射标志和一个红色闪光灯光（如图 8–209 所示）。机车后端中部左侧一个红色灯光（如图 8–210 所示）。

图 8–209　推进运行时的列车标志

图 8–210　推进运行时机车后端中部的列车标志

④ 列车后端挂有补机时，机车后端标志与第③款同。

⑤ 单机在双线区段正方向及单线区段运行时，机车前端标志与第①款同；后端标志与第③款同。

⑥ 单机在双线区段反方向运行时，机车前端标志与第②款同；后端标志与第③款同。

⑦ 调车机车及机车出入段时，机车前端标志与第①款同；机车后端中部左侧一个白色灯光（如图 8-211 所示）。

⑧ 在轨道车运行时，前端一个白色灯光（如图 8-212 所示）；后端一个红色灯光（如图 8-213 所示）。

图 8-211 调车机车及机车出入段时的前端标志

图 8-212 轨道车运行前端标志

图 8-213 轨道车运行后端标志

8.5 听觉信号

听觉信号，长声为 3 s，短声为 1 s，音响间隔为 1 s。重复鸣示时，须间隔 5 s 以上。

机车、轨道作业车作业中提示注意、相互联系等应使用通信设备方式。当联系不通或危及行车人身安全时，应采用鸣笛方式。机车、轨道作业车鸣笛鸣示方式如表 8-1 所示。

表 8-1 机车、轨道作业车鸣笛鸣示方式

名称	鸣示方式	使用时机
起动注意信号	一长声 （—）	（1）列车起动或机车车辆前进时（双机牵引或使用补机时，本务机车鸣笛后，补机应回答，本务机车再鸣笛一长声后起动） （2）接近鸣笛标、道口、桥梁、隧道、行人、施工地点或天气不良时 （3）电力机车、轨道作业车在检修及整备中，准备降下或升起受电弓时
退行信号	二长声 （— —）	列车、机车车辆、单机开始退行时
召集信号	三长声 （— — —）	要求防护人员撤回时
牵引信号	一长一短声 （— ·）	途中本务机车要求补机牵引运行时（补机应以同样信号回答）

续表

名称	鸣示方式	使用时机
惰行信号	一长二短声 （— · ·）	本务机车要求补机惰力推进或要求补机断开主断路器时（补机应以同样信号回答）
途中降弓信号	一短一长声 （· —）	（1）电力机车双机牵引中，本务机车司机要求补机降下受电弓时（补机须以同样信号回答） （2）电力机车司机在途中发现降弓手信号时，应鸣此信号回示
途中升弓信号	一短二长声 （· — —）	（1）电力机车双机牵引中，本务机车司机要求补机升起受电弓时（补机须以同样信号回答） （2）电力机车司机在途中发现升弓手信号时，应鸣此信号回示
呼唤信号	二短一长声 （· · —）	（1）机车要求出入段时 （2）在车站要求显示信号时
警报信号	一长三短声 （— · · ·）	发现线路有危及行车安全的不良处所时
试验自动制动机及复示信号	一短声 （·）	（1）试验制动机开始减压时 （2）接到试验制动结束的手信号，回答试风人员时 （3）在调车作业中，表示已接收调车长所发出的手信号时
缓解及溜放信号	二短声 （· ·）	（1）试验制动机缓解时 （2）要求列车乘务组缓解人力制动机时 （3）复示溜放调车信号时
拧紧人力制动机信号	三短声 （· · ·）	（1）要求列车乘务组拧紧人力制动机时 （2）要求就地制动时
紧急停车信号	连续短声 （· · · · · · ·）	司机发现（或接到通知）邻线发生障碍，向邻线上运行的列车发出紧急停车信号时。邻线列车司机听到此种信号后，应紧急停车

口笛、号角鸣示方式如表 8-2 所示。

表 8-2　口笛、号角鸣示方式

用途及时机	鸣示方式	
发车、指示机车向显示人反方向移动	一长声	—
指示机车向显示人方向移动	一短一长声	· —
试验制动机减压	一短声	·
试验制动机缓解	二短声	· ·
试验制动机结束及安全信号	一短一长二短声	· — · ·
一道	一短声	·
二道	二短声	· ·
三道	三短声	· · ·

续表

用途及时机	鸣示方式	
四道	四短声	• • • •
五道	五短声	• • • • •
六道	一长一短声	— •
七道	一长二短声	— • •
八道	一长三短声	— • • •
九道	一长四短声	— • • • •
十道	二长声	— —
二十道	二短二长声	• • — —
十、五、三车距离信号：十车	三短声	• • •
十、五、三车距离信号：五车	二短声	• •
十、五、三车距离信号：三车	一短声	•
连结及停留车位置	一长一短一长声	— • —
停车	连续短声	• • • • •• •
要求司机鸣笛	二长三短声	— — • • •
试拉	一短声	•
减速	连续二短声	• • • •
溜放	三长声	— — —
取消	二长一短声	— — •
再显示	二长二短声	— — • •
列车接近通报信号：上行	二长声	— —
列车接近通报信号：下行	一长声	—

8.6 起重作业指挥信号

8.6.1 通用手势信号

① **预备注意：**手臂伸直，置于头上方，五指自然伸开，手心朝前，保持不动，如图 8－214 所示。

② **要主钩：**单手自然提拳，置于头上，轻触头顶，如图 8－215 所示。

图 8-214 预备手势

图 8-215 要主钩手势

③ **要副钩：**一只手握拳，小臂向上不动，另一只手伸出，手心轻触前只手的肘关节，如图 8-216 所示。

④ **吊钩上升：**小臂向侧上方伸直，五指自然伸开，高于肩部，以腕部为轴转动，如图 8-217 所示。

图 8-216 要副钩手势

图 8-217 吊钩上升手势

⑤ **吊钩下降：**手臂伸向侧前下方，与身体夹角约为 30°，五指自然伸开，以腕部为轴转动，如图 8-218 所示。

⑥ **吊钩水平移动：**小臂向侧上方伸直，五指并拢，手心朝外，朝负载应运行的方向，向下挥动到与肩相平的位置，如图 8-219 所示。

图 8-218　吊钩下降手势

图 8-219　吊钩水平移动手势

⑦ **吊钩微微上升：** 小臂伸向侧前上方，手心朝上且高于肩部，以腕部为轴，重复向上摆手掌，如图 8-220 所示。

⑧ **吊钩微微下降：** 手臂伸向侧前下方，与身体夹角约为 30°，手心朝下，以腕部为轴，重复向下摆动手掌，如图 8-221 所示。

图 8-220　吊钩微微上升手势

图 8-221　吊钩微微下降手势

⑨ **吊钩水平微微移动：** 小臂向侧上方自然伸出，五指并拢，手心朝外，朝向负载应运行的方向，重复做缓慢的水平运动，如图 8-222 所示。

⑩ **微动范围：** 双小臂曲起，伸向一侧，五指伸直，手心相对，其间距与负载所要移动

的距离接近，如图 8－223 所示。

图 8－222 吊钩水平微微移动手势

图 8－223 微动范围手势

⑪ **指示降落方位：**五指伸直，指出负载应降落的位置，如图 8－224 所示。

⑫ **停止：**小臂水平置于胸前，五指伸开，手心朝下，水平挥向一侧，如图 8－225 所示。

图 8－224 指示降落方位手势

图 8－225 停止手势

⑬ **紧急停止：**两小臂水平置于胸前，五指伸开，手心朝下，同时水平挥向两侧，如图 8－226 所示。

⑭ **工作结束：**双手五指伸开，在额前交叉，如图 8－227 所示。

图 8–226　紧急停止手势

图 8–227　工作结束手势

8.6.2 专用手势信号

① **升臂**：手臂向一侧水平伸直，拇指朝上，余指握拢，小臂向上摆动，如图 8–228 所示。

② **降臂**：手臂向一侧水平伸直，拇指朝下，余指握拢，小臂向下摆动，如图 8–229 所示。

图 8–228　升臂手势

图 8–229　降臂手势

③ **转臂**：手臂水平伸直，指向应转臂的方向，拇指伸出，余指握拢，以腕部为轴转动，如图 8–230 所示。

④ **微微升臂**：一只小臂置于胸前一侧，五指伸直，手心朝下，保持不动；另一只手

的拇指对着前手手心，余指握拢，做上下移动动作，如图 8－231 所示。

图 8－230　转臂手势

图 8－231　微微升臂手势

⑤ **微微降臂：**一只小臂置于胸前一侧，五指伸直，手心朝上，保持不动；另一只手的拇指对着前手手心，余指握拢，做上下移动动作，如图 8－232 所示。

⑥ **微微转臂：**一只手臂向前平伸，手心自然朝向内侧；另一只手的拇指指向前只手的手心，余指握拢，做转动动作，如图 8－233 所示。

图 8－232　微微降臂手势

图 8－233　微微转臂手势

⑦ **伸臂：**两手分别握拳，拳心朝上，拇指分别指向两侧，做相斥运动，如图 8－234 所示。

⑧ **缩臂：**两手分别握拳，拳心朝下，拇指对指，做相向运动，如图 8－235 所示。

图 8-234 伸臂手势

图 8-235 缩臂手势

附录 A

轨道作业车出车前检查标准

A.1　出车前静态检查规范

检查并确认轨道作业车防溜、防护措施到位且有效后，开始进行出车前检查，检查内容如下：

① 机油、润滑油、燃油、液压油、空气压缩机油、液力传动油、冷却液等充足。标准按表 A－1 进行。

表 A－1　液位检查标准

序号	部位名称	检查标准
1	发动机	油位在油标上下刻度之间，偏高位置
2	变速箱	按变速箱说明书要求
3	换向分动箱	油位在油标上下刻度之间，偏高位置
4	车轴齿轮箱	以油位到上液位镜中部为准
5	空气压缩机	油镜的刻度之间，偏高位置
6	燃油箱	油位表显示清楚，储油充足
7	冷却水箱	膨胀水箱高度的 2/3，最低水位不低于 1/3
8	液压油箱	油位在油标上下刻度之间，偏高位置

② 燃油管路、机油系统、液压管路（含阀件）、冷却水管路及箱体总成等部位无渗漏油、水现象。

③ 蓄电池（见图 A－1）接线牢固，电极桩无腐蚀；控制面板（见图 A－2）上的开关、仪表及灯具、刮水器等工作正常。

④ 发动机冷却风扇皮带（见图 A－3）、发电机皮带和空气压缩机皮带（见图 A－4）等的松紧度合适且无裂纹。皮带松紧度标准如下：

a）风扇皮带：以 20～50 N 的力压皮带，挠度为 10～20 mm。

b）空气压缩机皮带：以 20～50 N 的力压皮带，挠度为 20～30 mm。

图 A-1　蓄电池

图 A-2　控制面板

图 A-3　发动机冷却风扇皮带

图 A-4　空气压缩机皮带

⑤ 目视检查轴头盖（见图 A-5）、传动轴、拉杆机构、空气压缩机及悬挂件固定螺栓，应无变形、无松动（以防松标记为准）；液压减振器（见图 A-6）无泄漏。

图 A-5　轴头盖

图 A-6　液压减振器

⑥ 闸瓦（见图 A-7）安装正确，无裂纹、无偏磨，闸瓦钎及安全环无丢失；闸瓦与车轮间隙为 3～8 mm，闸瓦厚度不小于 17 mm。

⑦ 制动缸活塞行程（见图 A-8）符合要求（活塞行程以本车使用说明书为准）。

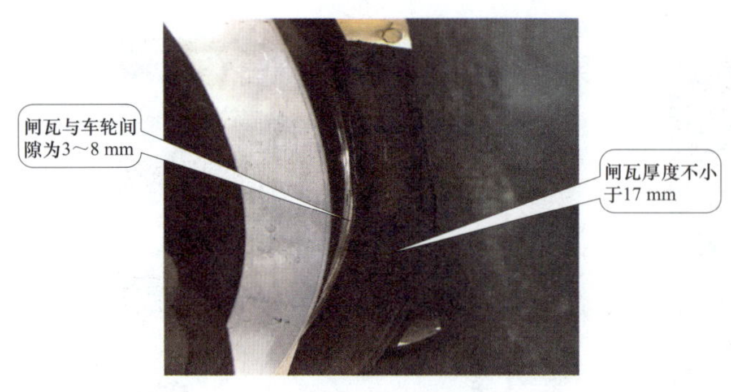

图 A-7　闸瓦

图 A-8　活塞行程

⑧ 排除风缸、集尘器中的水分及灰尘，排除油水分离器内的污水。

⑨ 随车必备的安全备品齐全、有效，工具及关键备件齐全。安全备品及工具备品如图 A-9 所示。

⑩ 接触网作业车作业平台（见图 A-10）应完全复位，且固定牢固、不侵限。

图 A-9　安全备品及工具备品

图 A-10　接触网作业车作业平台

立杆作业车吊臂（见图 A-11）、吊钩（见图 A-12）、稳定油缸（见图 A-13）及支腿（见图 A-14）应完全复位，且机械固定牢固，不侵限。

图 A-11　立杆作业车吊臂

图 A-12　立杆作业车吊钩

图 A-13 立杆作业车稳定油缸

图 A-14 立杆作业车支腿

恒张力放线车作业平台（见图 A-15）、拨线机构（见图 A-16）、线盘架（见图 A-17）等机构应完全复位，且固定牢固、不侵限。

图 A-15 恒张力放线车作业平台

图 A-16 恒张力放线车拨线机构

图 A-17　恒张力放线车线盘架

⑪ 路用平车装载应符合本规范的相关要求，物料捆扎应牢固、可靠，不超限、不超载、不偏载。

⑫ 路用平车修程（见图 A-18）应符合要求；旁承间隙正常；连挂情况良好。

图 A-18　路用平车修程

A.2　出车前动态检查规范

① 闭合电源总开关，将电源转换开关扳至操作端位置。

② 起动发动机，确认操作面板上的电源换向开关在中立位，将发动机油门手柄置于约全负荷油门的四分之三位置上；将变速箱操纵杆置于空挡位；正常起动发动机，起动时间不大于 10 s。如果不能起动，可再次进行起动，两次起动时间间隔应在 60 s 以上。最多可起动 3 次，如果 3 次都未能起动，必须进行检查，确认故障原因并及时修复。

图 A-19 电源换向开关

③ 注意观察各仪表的显示值，特别是机油压力表（见图 A-20）的显示值，正常的机油压力范围为 250～400 kPa。

④ 发动机起动后，观察水温表、机油压力表的显示值，显示正常后再逐步加大油门，使发动机转速至 1 500 r/min，保持缓解充风位，使总风缸压力逐渐上升到 700～800 kPa 的规定值，制动管和均衡风缸的压力上升到 500 kPa。总风缸、均衡风缸、制动缸、制动管风压表，如图 A-21 所示。

图 A-20 机油压力表

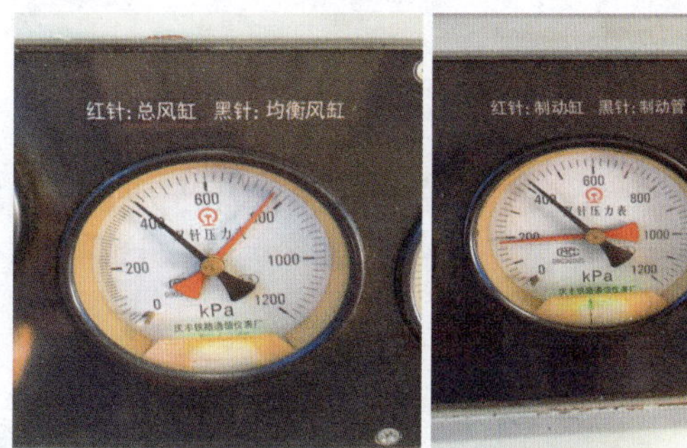

图 A-21 总风缸、均衡风缸、制动缸、制动管风压表

⑤ 松开手制动机，进行整列制动试验，检查制动系统是否正常，检查有无漏风现象，确认没问题后再缓解，缓解时间不超过 35 s。制动机和风压表如图 A-22 所示。

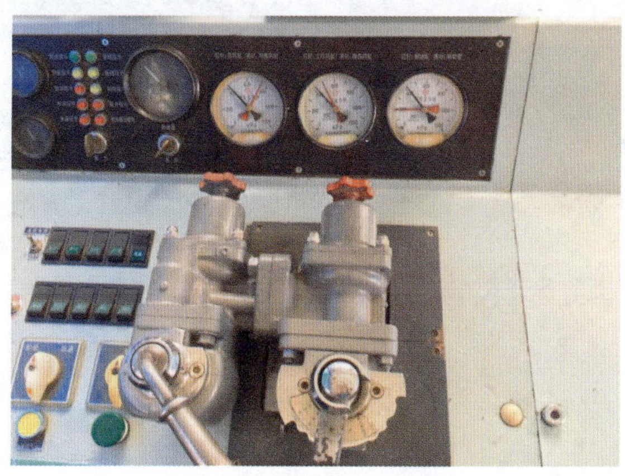

图 A-22 制动机和风压表

⑥ 当发动机冷却液温度低于 55 ℃时，不允许发动机带负荷；当发动机冷却液温度达到 55 ℃时才允许发动机进入部分负荷状态，检查冷却液，不足时须补充；当冷却液温度达到 70 ℃时，才可以全负荷工作。

⑦ 当在Ⅰ端操作运行时，应及时打开百叶窗；当在Ⅱ端操作运行时，应及时打开侧风门（见图 A–23），关闭百叶窗。百叶窗打开时如图 A–24 所示。

图 A–23　侧风门打开

图 A–24　百叶窗打开

⑧ 非操作端处理。控制面板上的各开关应在关闭位（见图 A–25），油门放在最低位，将电源总开关放在中立位，将电源换向开关置于操作端，取出单独制动阀、自动制动阀手柄（见图 A–26）。

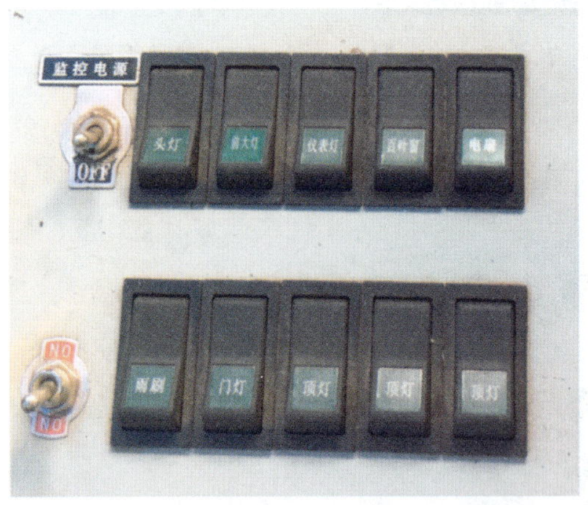

图 A–25　控制面板上的各开关在关闭位

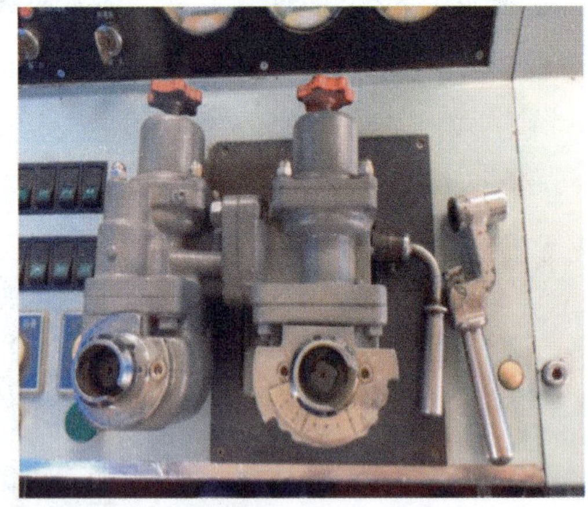

图 A–26　单独制动阀和自动制动阀手柄取出

⑨ 操作端处理：单独制动阀和自动制动阀放入操作端后，均移置运转位，当各风缸风压达到规定值后，对空气制动机进行“五步闸”的检查与试验，如图 A–27 所示。

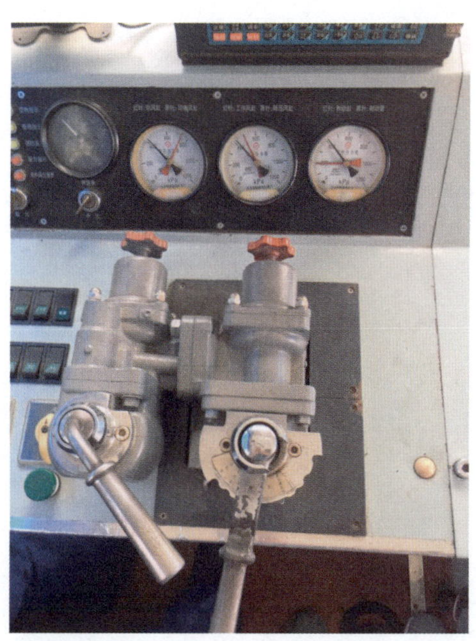

图 A–27　单独制动阀和自动制动阀处于运转位且风压符合规定

⑩ 轨道作业车安全行车装备、无线列调（CIR）性能良好；GYK 设备自检正常、良好，如图 A–28 所示。

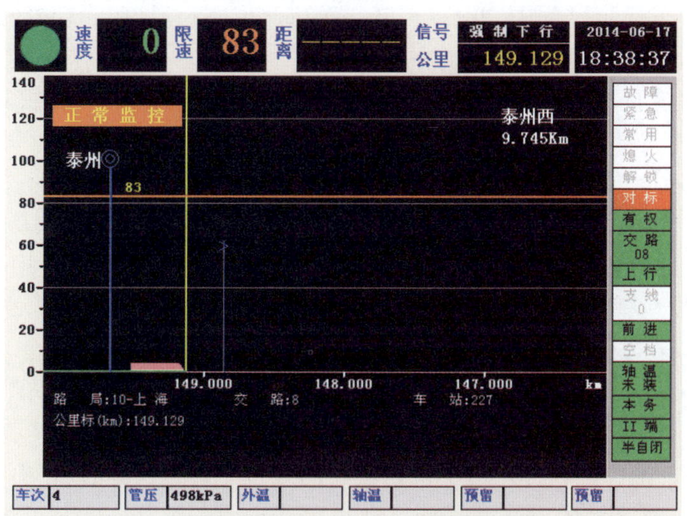

图 A–28　GYK 正常监控模式

⑪ 确认防溜、防护措施完全撤除后，准备发车。

⑫ 旋转换向开关，将其置于运行方向位；对应指示灯亮之后，踏下离合器，操纵变速杆挂入起步挡，然后缓慢地抬起离合器，同时加大油门，使轨道作业车缓慢地起动前行。

附录 B

轨道作业车定期检查标准

B.1 轨道作业车检查要求

1. 基本要求

① 熟悉所使用的车型结构，掌握各部件的名称，检查各部件是否安装牢固，是否符合技术标准。

② 检查轨道作业车时，必须按照顺序、采取正确的姿势、有条不紊地进行。要求做到：顺序检查、不错不漏，姿势正确、步伐不乱；锤分轻重、目标明确，耳听目视、仔细周到；测试工具、运用自如，手触鼻嗅、灵活熟练。

③ 在轨道作业车检查过程中，根据声音、颜色、形态、温度、气味等线索，准确及时地判断故障处所和故障程度，并采取适当的措施。

④ 对于出车前检查项目，如果当日已检查完毕，定期检查可以略过。

2. 检查方法

1）锤检法

锤检法适用于检查直径在 14 mm 以上的各紧固螺栓、弹簧装置，以及容易发生断裂的部件。使用锤检法进行检查时，应根据螺栓的大小、部件的状态和位置，用力适当，掌握好轻重，不可用力过大，以免损伤部件。

注意：① 不准锤击带有压力的管接头。

② 对不适于锤检的部件，应该用手检查。

2）手动法

手动法包括晃、拍、握、拧，适于检查较小的螺钉、管接头、各种阀门及仪表、电器等。采用“晃动看安装、手拧看松漏”的方法，视其是否松缓、泄漏、安装不牢，从而判断各油、水、风管路中阀门的位置是否正确。

3）手触法

手触法主要用于检查有关部件的温度、管路的振动、高压油管的脉冲等。手测温度时应先用手指感觉温度，再用手背判断温度。

4）目视法

在使用锤检法和手动法、手触法时，同时也要进行目视，做到手、眼、锤、灯配合协调，动作一致。对仪表指针的位置、检验日期的确认、各紧固螺栓及开口销的状态、油水管路的漏泄程度、油位和水位的确认、电机火花等进行判定，均需要使用目视法。

5）测量法

使用盒尺、塞尺、游标卡尺、千分尺等专用工具测量有关部件的正常间隙、行程等限度尺寸。

6）测试法

通过使用万用表测量电压、电流、电阻的数值，来判断电路系统有无短路、断路、虚接等现象。

3. 轨道作业车检查顺序

轨道作业车检查顺序示意图，如图 B-1 所示。

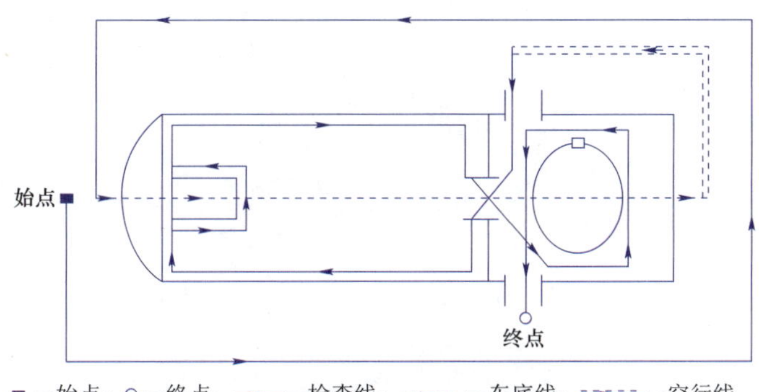

图 B-1　轨道作业车检查顺序示意图

线路检查，以前部大钩为始点，向右侧检查，先车下、后车上。车下检查先四周、后底部；车上检查先设备、后机具、再备品。

4. 检车作业标准

① 严格按照轨道作业车检查顺序及项目对轨道作业车进行检查，按照各型制动机机能试验的要求对轨道作业车制动系统进行试验，保证轨道作业车状态良好。

② 检车作业时，局部检查原则上应遵循由上而下、由内而外的顺序，以检查部位为基本点，由左向右，使应检查的部位包括在检查顺序中，做到检查全面、不漏检。

③ 检车过程中，必须做到顺序熟练，名称、术语清晰无误，故障判断正确。

④ 检车过程中，身、手、锤灵活，步伐不乱，以灯领锤，灯、眼、锤一致，呼唤声音洪亮。

⑤ 探身检查时，双脚叉开，上身前探。左手拿灯，右手拿锤。检查过程中，灯、锤不能倒手，灯、锤要有固定放置位置，做到灯照锤敲，动作协调。

⑥ 蹲姿检查时，一腿半曲，一腿稍弓，斜身向着检查部件。

⑦ 检查底部时，对较高的部件直身仰视检查，对较低的部件下蹲仰视检查。

⑧ 吊线检查时，平身或下蹲，检查有无弯曲、倾斜、吊角、超限、膨出或者凹入。

5. 安全注意事项

① 进行轨道作业车检查之前，必须确认轨道作业车处于制动状态（无风时拧紧手制动机），且已做好防溜措施并设好防护，确认无误后才能进行检车作业。

② 在检查轨道作业车时，身体各部位必须避开制动部件有可能移动的方向，防止人身伤害。

③ 在检车作业中，需要横过检查沟时，必须安放渡板或者绕行，严禁从检查沟上跃过。

④ 在进行各种试验时，必须与相关人员充分联系，紧密配合，保证人身安全。

⑤ 在进行电气试验时，必须严格按程序试验，防止人为短路现象发生。

⑥ 作业平台试验必须在无电区或者无网区进行，防止电击事故。

⑦ 检查货物装载情况，不得偏载、超限。

⑧ 在各部件检查完毕之后，必须将其恢复到正常状态和原来的位置。

⑨ 在锤敲螺母时，不得向旋松的方向敲打，不得敲打在方棱或者丝扣上。对于大螺母，向旋紧方向击打在螺母 1/3 处为好。

⑩ 不得用锤敲击传动轴。当检查到发热部件、转动部件等危险处所时，应高声呼唤注意事项。

⑪ 起动发动机和试闸前，必须高声呼唤，执行“一喊、二看、三操作”制度。

B.2　前、后端检查

1. 前端检查

轨道作业车前端如图 B-2 所示。前端检查方法如下：

图 B-2　轨道作业车前端

① 警灯、头灯、挡风玻璃、雨刮器外观完好，无裂纹，无损坏。

② 手把杆良好，无松动，无裂纹。

③ 侧灯、防护灯外观完好，无破损。

④ 脚梯完好，无松动，无裂纹。

⑤ 钩提杆安装牢固，无裂纹。

⑥ 车钩状态良好，无裂纹，车钩中心线清晰，距轨面高度在正常范围内。钩舌穿销灵活，磨耗不超限度，开口销齐全，角度适宜。车钩“三态”作用良好，开锁位灵活，闭锁位的开距为 110～130 mm，全开位的开距为 220～250 mm，如图 B-3 所示。

图 B–3 车钩检查

⑦ 折角塞门状态良好、动作灵活，如图 B–4 所示。

提示：折角塞门用来关闭和打开风路。一般情况下，其手把方向与管道平行为开，反之为关。其手把必须落入定位槽，否则会使制动失效。

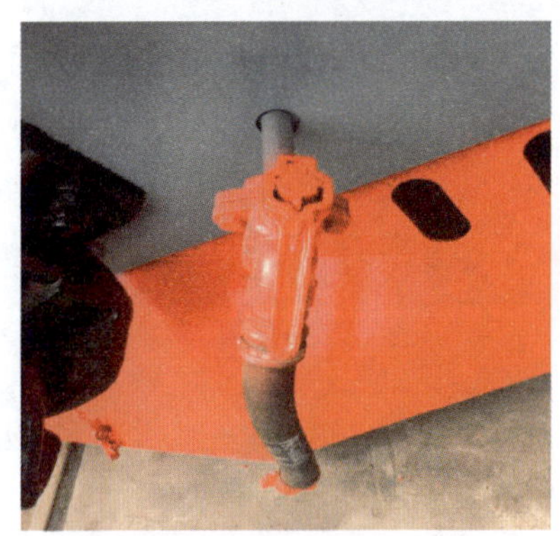
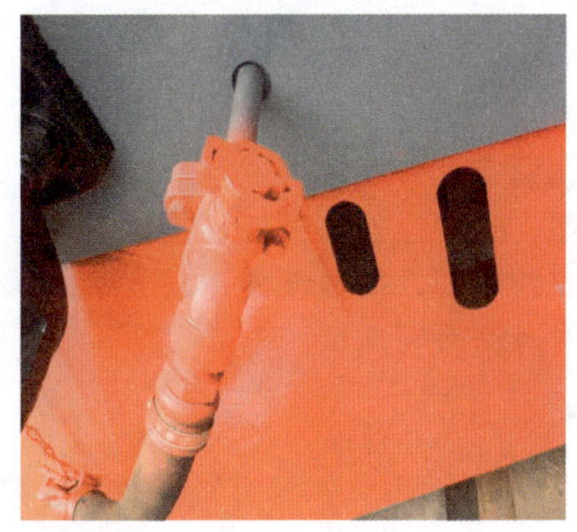

图 B–4 折角塞门

⑧ 制动软管无裂纹，水压试验在有效期内（校验周期 6 个月）。

注意：检验有效期时间标识有两个，一个为铝质标签，另一个喷涂在软管上，如图 B–5 所示。

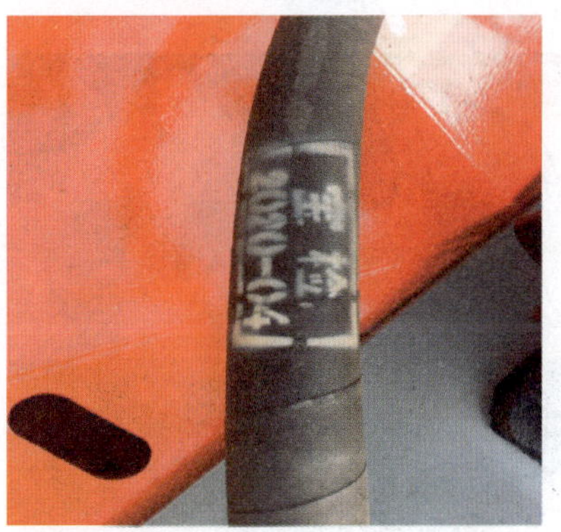

图 B–5 制动软管上的校验有效期时间标识

⑨ 防尘堵连接状态良好，安全链连接可靠。打开防尘堵，检查制动软管密封圈有无老化、破损现象；检查完毕，挂好防尘堵，如图 B-6 所示。

图 B-6 安全链、防尘堵与制动软管

⑩ 排障器外观完好，无裂纹、弯曲；其下沿距轨面 90～130 mm。扫石器距轨面 20～25 mm，安装牢固。

2. 后端检查

① 后侧灯、防护灯外观良好，无破损。

② 护栏安装牢固，护板无变形。

③ 后端下部检查同前端。

B.3 左侧检查

1. 车体外观（见图 B-7）检查

车体平整，油漆无脱落；车身无倾斜，车号等标记完整；侧窗完整，玻璃无裂纹。

2. 排障器、机车信号传感器检查

排障器、机车信号传感器（见图 B-8）及托架螺丝牢固，开口销齐全，钢丝绳悬挂牢固。

图 B-7 车体外观

图 B-8 机车信号传感器

3. 空气压缩机（见图 B-9）检查

图 B-9　空气压缩机

① 空气压缩机扇轮螺丝紧固，无松动现象。

② 空气压缩机皮带无裂纹、老化现象。

③ 压带轮润滑良好，螺丝紧固，无松动。

④ 以 20～50 N 的压力下按压带轮皮带，挠度为 20～30 mm。

⑤ 空气压缩机的调整螺母、锁紧螺母紧固。

⑥ 空气压缩机的固定螺栓紧固，无松动现象，开口销齐全。

⑦ 观察空气压缩机油位，应在 3/4 的位置。

⑧ 空气压缩机加油口无渗漏，按标号加注空气压缩机油（夏季为 19 号，冬季为 13 号）。

⑨ 空气压缩机放油螺丝紧固，无渗漏现象。

4. 中继阀检查

中继阀（见图 B-10）外观良好，均衡风缸、过充风缸（见图 B-11）、运行监控装置、紧急放风阀（见图 B-12）安装牢固，固定螺丝无松动，塞门位置正确，无漏风。

图 B-10　中继阀

图 B-11　均衡风缸、过充风缸

图 B-12　紧急放风阀

5. 左一、左二车轮部分检查

① 车轮（见图 B-13）踏面无崩裂、擦伤及剥离掉块；踏面擦伤深度不大于 1 mm，踏面剥离长度一处时不大于 50 mm，两处时每处不大于 40 mm；轮辋厚度不小于 23 mm，两轮内侧每轴三处测量距离均为（1 353±3）mm，轮缘厚度不小于 23 mm（在距轮缘顶端 15 mm 处测量）。

② 车轮弛缓线标记（见图 B-14）清晰、无错位。

图 B-13　车轮

图 B-14　车轮弛缓线标记

③ 检查轴箱弹簧（见图 B-15），包括前后弹簧（内、外）及穿销，应无裂纹；上下弹簧座无裂纹，弹簧无移位。

④ 检查液压减振器（见图 B-16），内容如下：

a）外观良好，无漏油现象。

b）上下座无裂纹，安装螺丝无松动。

c）穿销、垫片齐全良好，开口销开度符合规定，如图 B-17 所示。

图 B-15 轴箱弹簧

图 B-16 液压减振器

图 B-17 液压减振器穿销部分检查

d）速度传感器外观良好，螺栓紧固，连接电线无松动、虚接现象。

e）轴箱盖（见图 B-18）螺丝紧固，无松动现象。

f）防倾覆装置螺丝紧固，无裂纹；防缓铁丝（见图 B-19）无损坏。（JW-4 型车辆无防倾覆装置，DA12 型接触网作业车有防倾覆装置。）

图 B-18 轴箱盖

图 B-19 防缓铁丝

⑤ 闸瓦检查（见图 B–20），内容如下：

a）闸瓦安装正确，无裂纹、偏磨。

b）闸瓦与车轮间隙 3～8 mm，闸瓦厚度不小于 17 mm。

c）闸瓦托、制动拉杆及安全吊链无裂纹，闸瓦钎安装到位。

d）闸瓦钎及安全环（见图 B–21）无丢失。

图 B–20　闸瓦检查图

图 B–21　闸瓦钎及安全环

⑥ 基础制动部分检查，内容如下：

a）安全连接装置螺栓紧固，无松动。

b）钩板（见图 B–22）无弯曲、裂纹。

c）左、右两侧挂板座无开焊、弯曲、裂纹。

d）侧挡间隙（见图 B–23）符合规定（两侧之和不大于 33 mm）。

图 B–22　钩板检查

图 B–23　侧挡间隙

e）牵引座（见图 B–24）、牵引杆无裂纹、开焊，梯形槽间隙（见图 B–25）、开口销状态符合规定，润滑良好。

图 B-24　牵引座

图 B-25　上牵引杆与大梁下面间隙和梯形槽间隙

f）闸瓦间隙调整杆（见图 B-26）、安全吊钩螺丝紧固，无弯曲、裂纹，锁紧螺母不松动。

⑦ 止轮器（见图 B-27）检查：止轮器完好，放置牢固；防盗铁链无断链，止轮器悬挂装置无开焊、弯曲、变形。

图 B-26　闸瓦间隙调整杆

图 B-27　止轮器

⑧ 制动缸（见图 B-28）检查，内容如下：

a）制动缸安装牢固，螺丝无松动。

b）制动缸及管路密封良好，无泄漏；制动拉杆、各穿销、垫圈、开口销齐全、良好。

c）制动缸活塞行程符合规定（70～120 mm）。

d）制动缸回位弹簧（见图 B-29）作用良好。制动缸卡头螺丝（开口销）无损坏、丢失，作用良好。

图 B-28　制动缸

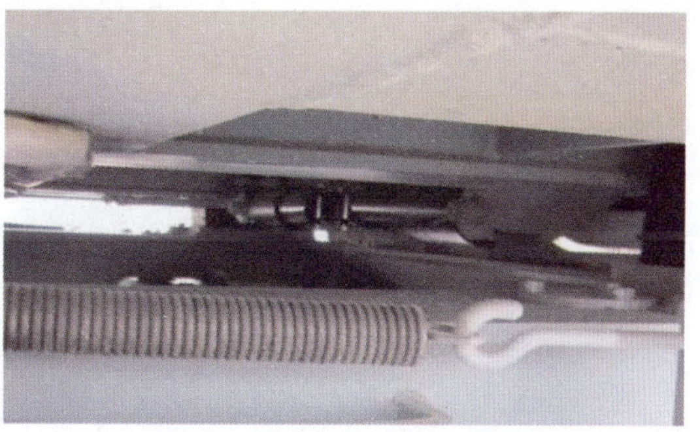

图 B-29　制动缸回位弹簧

⑨ 上下拉杆座无裂纹；上下拉杆及橡胶垫无裂纹、老化，装入后梯形槽有紧余量；防缓铁丝无损坏；紧固螺丝无松动。

止挡（见图 B－30）检查内容如下：

a）止挡焊接部位无裂纹，螺丝无松动，润滑良好。

b）轴箱起吊挂板螺栓紧固，无弯曲，无裂纹。

c）吊板挂钩（见图 B－31）无开焊、弯曲、裂纹。

d）起吊挂钩无裂纹。

图 B－30　止挡

图 B－31　吊板挂钩

⑩ 砂箱（见图 B－32）外观良好；无变形，砂箱各部安装螺丝紧固，无松动；撒砂管良好，无裂纹。

图 B－32　砂箱

6. 燃油箱检查

① 燃油加热装置外观良好，无裂纹；油管路连接紧固，无渗漏；电线路连接良好，无松动、虚接。

② 燃油滤清装置外观良好，无裂纹；油管路连接紧固，无渗漏；电线路连接良好，无松动、虚接。

③ 燃油箱（见图 B－33）透视窗清晰，油位明显（见图 B－34），储油充足。

④ 燃油箱安装牢固，无开焊、裂纹，螺丝无松动。

⑤ 悬吊装置牢固，无开焊、裂纹。

⑥ 油箱固定螺丝紧固，开口销符合规定。

图 B-33　燃油箱

图 B-34　油位检查

7. 电瓶箱检查

① 电瓶箱（见图 B-35）悬挂稳固，无开焊、裂纹。

② 电瓶箱箱体完整，无裂纹，变形。

③ 蓄电池表面清洁，无泄漏；通气孔畅通，液面高度符合规定。

④ 蓄电池接线柱（见图 B-36）无虚接和氧化现象。

图 B-35　电瓶箱

图 B-36　蓄电池接线柱

⑤ 电瓶箱锁闭良好。

8. 风缸（见图 B-37）检查

① 工作风缸、作用风缸安装牢固，无开焊、裂纹；安装螺丝紧固，无松动；排污阀良好，开关灵活。

② 紧急风缸、降压风缸安装牢固，无开焊、裂纹；安装螺丝紧固，无松动；排污阀良好，开关灵活。

9. 分配阀（见图 B-38）检查

① 旁路制动调压阀安装牢固，塞门位置正确。

② 分配阀安装牢固，无开焊、裂纹。

③ 分配阀固定螺丝紧固，无松动。

④ 各管路无泄漏，作用良好。

⑤ 无火回送塞门位置正确，处于关闭位。

图 B-37　风缸

图 B-38　分配阀

10. 油水分离器（见图 B-39）检查

油水分离器安装牢固、无漏风；排污阀动作灵活，无堵塞。

11. 抓轨器（见图 B-40）检查

① 抓轨器螺栓紧固，无裂纹。

② 抓轨器悬挂牢固，无开焊、裂纹。

图 B-39　油水分离器

图 B-40　抓轨器

B.4　右侧检查

① 右侧外观检查同左侧。

② 右后排障器及机车信号传感器检查同左侧。

③ 右三、右四车轮部分检查同左侧。

④ 中继阀检查同左侧。

⑤ 抓轨器检查同左侧。

⑥ 总风缸（见图 B-41）检查，内容如下：

a）总风缸安装牢固，安全吊架无裂纹，各塞门位置正确。

b）总风缸排污阀良好，开关灵活。

c）总风缸各管路连接牢固，无漏风。

d）总风缸调压阀连接牢固，无漏风。

e）总风缸安全阀安装牢固，无漏风。

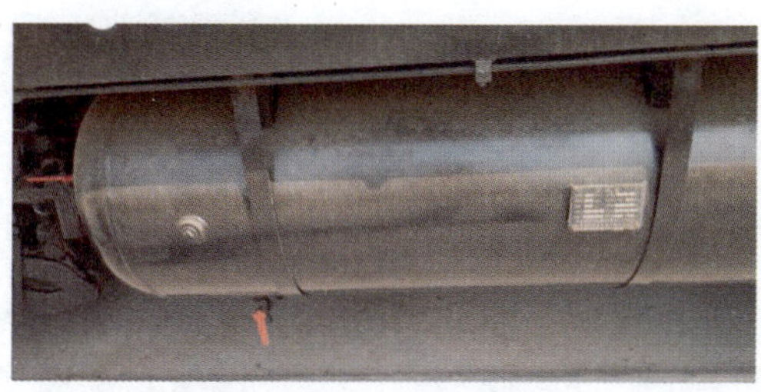

图 B-41　总风缸

⑦ 消声器（见图 B-42）检查，内容如下：

a）消声器悬挂装置无开焊、弯曲、裂纹。

b）消声器外观良好，无裂纹。

⑧ 右一、右二车轮部分检查同左侧。

⑨ 空气滤清器（见图 B-43）检查，内容如下：

图 B-42　消声器

图 B-43　空气滤清器

a）空气滤清器无破损，悬挂牢固，无开焊、裂纹。

b）各部螺丝紧固，无松动；打开抱箍检查滤芯，应完好、无灰尘。

⑩ 右前排障器及机车信号传感器检查同左侧。

B.5　下部检查

1. 发动机检查

① 发动机安装牢固，棘爪螺丝紧固，开口销齐全。

② 发动机各部螺栓紧固，无松动。

③ 发动机各部管路连接良好，无渗漏；润滑油位符合规定，且无变质。
④ 起动机连接紧固，无松动、虚接。
⑤ 各传感器（见图 B-44）连接牢固，无松动、虚接。
⑥ 燃油滤清器（见图 B-45）、机油滤清器（见图 B-46）紧固，无渗漏。
⑦ 发电机（见图 B-47）安装牢固，电线路无松动、虚接。

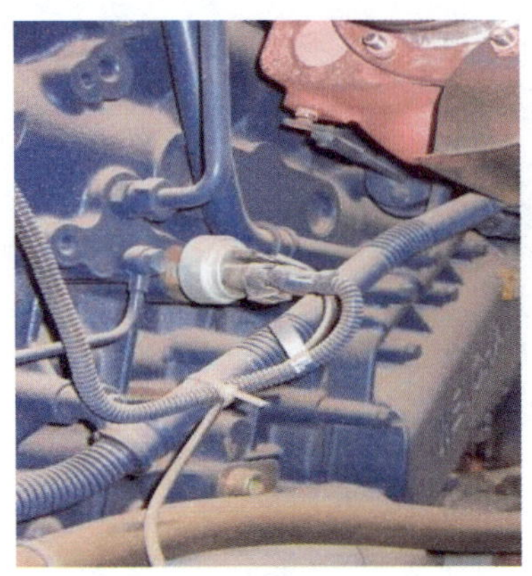

图 B-44　传感器

图 B-45　燃油滤清器

图 B-46　机油滤清器

图 B-47　发电机

2. 散热器检查

① 散热器无堵塞、泄漏，冷却液液位符合规定。
② 散热风扇安装牢固，性能良好。
③ 散热风扇皮带完好，以 20～50 N 压力按压，挠度为 20～30 mm。
④ 上水管、下水管安装牢固，无开焊、裂纹。
⑤ 上水管、下水管连接皮管无裂纹，水管卡子紧固，无渗漏。

3. 下部前转向架检查

① 转向架前端梁安装牢固，无开焊、裂纹。
② 基础制动装置上、中、下穿销及开口销良好。
③ 车轴弛缓线（见图 B-48）无位移。
④ 闸瓦横向调节拉杆各螺丝紧固，穿销、开口销齐全。
⑤ 轨道作业车中梁、边梁无开焊、裂纹。

4. 车轴齿轮箱（见图 B-49）检查

① 车轴齿轮箱无漏油，透气孔盖、观察孔盖安装牢固，油位符合规定。

图 B-48 车轴弛缓线

图 B-49 车轴齿轮箱

② 底座、油位螺栓、放油堵螺丝安装紧固，无渗漏。

③ 车轴齿轮箱传动轴联轴器（突缘）无裂纹，轴向间隙符合规定，如图 B-50 所示。

5. 车底中部检查（此项只针对 DA12 型接触网作业车）

① 横向液压减振器安装牢固，无开焊、裂纹。

② 横向液压减振器螺栓紧固，穿销、垫片、开口销齐全、良好。

③ 横向液压减振器无渗漏。

6. 拉臂（见图 B-51）检查

图 B-50 传动轴联轴器

图 B-51 拉臂

① 拉臂安装牢固，无开焊、裂纹。

② 拉臂螺丝紧固，开口销齐全。

③ 拉臂与车轴齿轮箱挂耳间润滑良好。

7. 传动轴总成检查

① 传动轴（见图 B-52）螺丝紧固，无松动。

② 传动轴安装牢固，无弯曲、裂纹。

③ 传动轴黄油堵齐全，润滑良好。

④ 万向节（见图 B-53）螺栓紧固，无松动。

⑤ 传动轴补铁无缺失，动平衡良好。

⑥ 传动轴突缘叉、锁片作用良好。

图 B-52　传动轴

图 B-53　万向节

8. 安全吊架（见图 B-54）检查

① 安全吊架安装牢固，无开焊、裂纹。

② 安全吊架无弯曲、裂纹。

③ 安全吊架螺丝紧固、无松动，开口销齐全。

图 B-54　安全吊架

9. 变速箱、换向箱检查

① 变速箱（见图 B-55）、换向箱（见图 B-56）安装牢固，螺栓紧固，无渗漏。

② 输出联轴器无裂纹，轴向间隙符合规定。

③ 观察口清晰、无渗漏，油量符合规定，油质无变质。

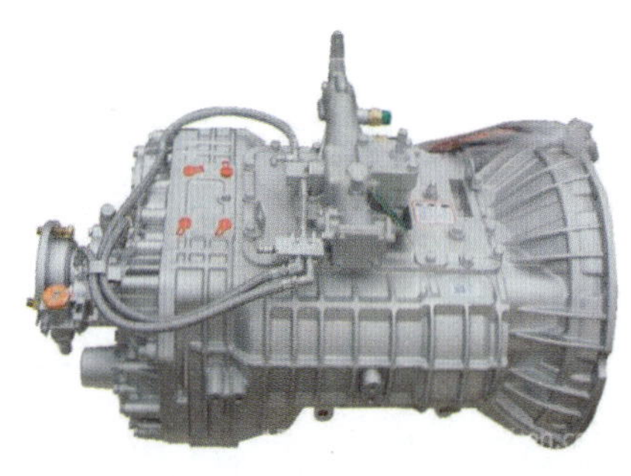

图 B-55　变速箱

图 B-56　换向箱

B.6 上部检查

1. 上车外观检查

① 手把杆安装稳固，无裂纹。

② 车门、玻璃无破损，门轴转动灵活，车门把手牢固，门锁齐全。

③ 上车脚梯安装牢固，螺丝无松动。

2. 工具、备品检查

① 信号备品齐全、良好。(信号灯 3 盏，双面红色防护灯 2 盏。)

② 防护备品齐全、良好，检验合格证在有效期内。(响墩 12 个，火炬 6 个，号角 3 个，短路铜线 2 根，止轮器共 4 个，红、黄信号旗各 3 面。)

③ 工具备品齐全、完整。

④ 复轨器（见图 B–57)、锁具齐全有效。

⑤ 灭火器（见图 B–58）检验日期在有效期内，月度检查牌检查日期在本月范围内，灭火器压力显示指针在规定范围内。

图 B–57 复轨器

图 B–58 灭火器

3. 前操作台（见图 B–59）检查

① 仪表外观良好，指针显示正确。

② JZ–7 型自动制动机外观良好，闸把位置正确。

③ 检查 JZ–7 型自动制动机的固定螺丝，应紧固、无松动；各管路连接紧固、无裂纹。

④ 玻璃液储水罐无裂纹，无渗漏。

⑤ 电磁阀开关固定牢靠，状态良好。

⑥ 电热玻璃开关灵活，各电锁钥匙开关正常。

⑦ 检查继电器门、空气开关是否都在开位。

⑧ 打开继电器门检查继电器，应状态良好。

⑨ 检查 GYK 主机，应外观良好，接线牢固，无松动、虚接。无线调度通信设备如图 B–60 所示。

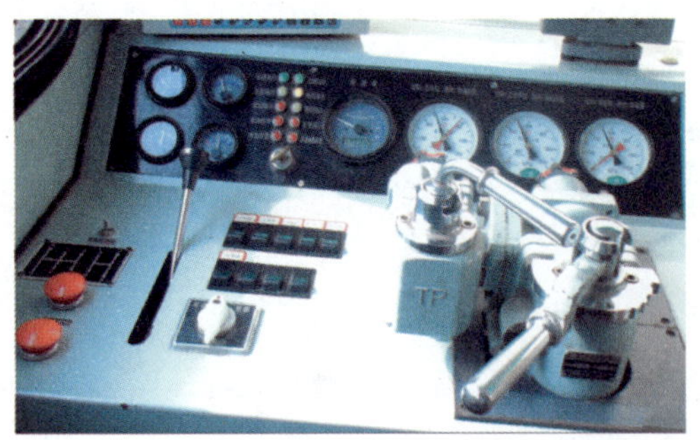

图 B-59　前操作台

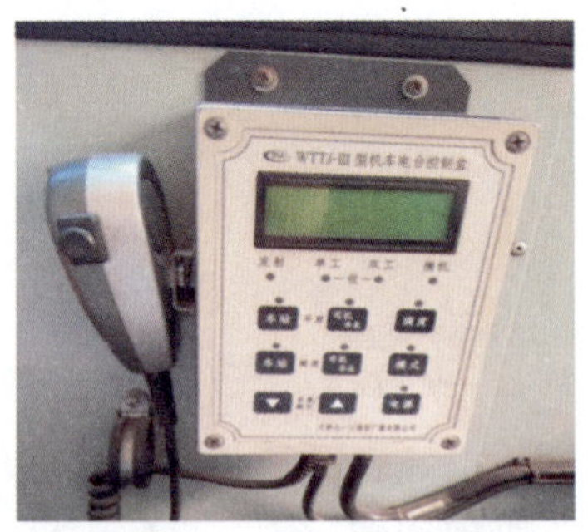

图 B-60　无线调度通信设备

⑩ 检查电台主机，应外观良好，接线牢固，无松动、虚接。

4. 后操作台检查

① 电源总开关外观良好，动作灵活。

② 后端操作台检查同前端。

5. 司机室外检查

① 空调主机（见图 B-61）安装牢固，防护罩良好。

图 B-61　空调主机

② 液压阀柜安装稳固，锁闭良好。

③ 手动油泵阀体安装稳固，无泄漏。

④ 打开控制阀件柜（见图 B-62），检查各部螺丝，应紧固。

⑤ 检查作业台下控制面板（见图 B-63），应各开关灵活；油压表外表无裂纹，显示正常。

图 B-62　控制阀件柜

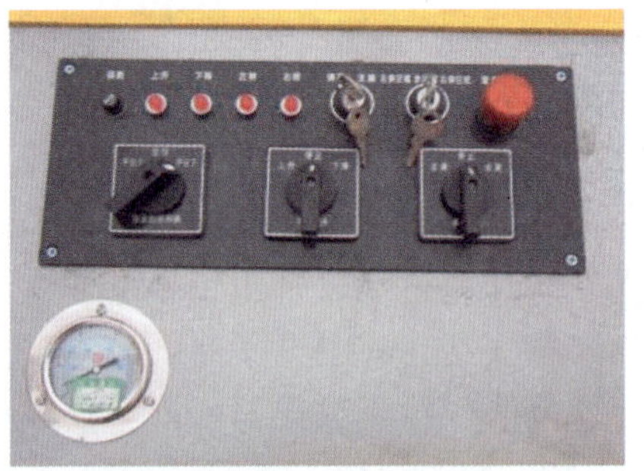

图 B-63　作业台下控制面板

6. 作业台检查

① 头灯（见图 B-64）、警示灯外观良好，无破损。

② 轴向柱塞泵（见图 B-65）各部螺栓管路连接紧固，无松动、渗漏。

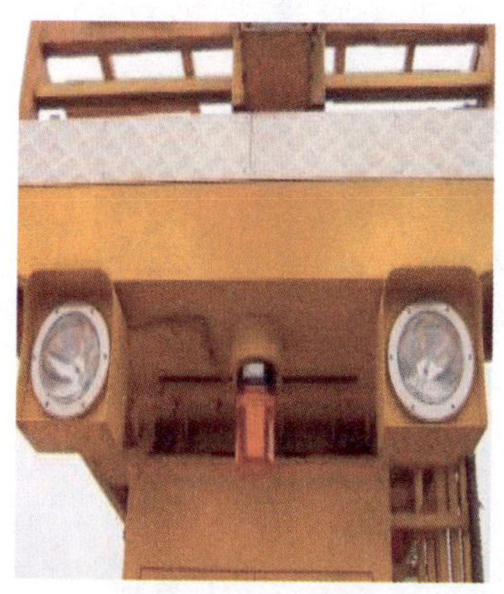

图 B-64 头灯

图 B-65 轴向柱塞泵

③ 液压油充足，无变质；液压阀体、管路无渗漏；紧急下降阀（见图 B-66）开关灵活，且位置正确。

④ 限位行程开关安装牢固，螺丝无松动；接线紧固，无松动、虚接。

⑤ 作业平台（见图 B-67）升降导框无变形，磨耗板不超限，润滑良好。

图 B-66 紧急下降阀

图 B-67 作业平台

⑥ 平台警告标志（见图 B-68）齐全；升降梯完整，无裂纹、变形。

7. 随车小吊检查

① 操纵装置手柄齐全、完好，操纵灵活，无卡滞，无泄漏。

② 钢丝绳（见图 B-69）润滑良好，无断股，无松脱，无腐蚀、变形，无过量磨损。

图 B-68　平台警告标志

图 B-69　钢丝绳

③ 吊臂（见图 B-70）无变形，吊臂间隙正常，伸缩无卡滞，润滑良好。

图 B-70　吊臂

8. 手制动机（见图 B-71）检查

① 手制动机外观良好，无弯曲、变形。

② 手制动机螺丝紧固，无松动。

③ 转动手轮，检查铁链余量；检查滑轮，应转动灵活。

④ 导向滑轮固定牢靠，钢丝绳无断股、散股，钢线卡子绑扎牢固。

9. 立杆作业车下车部分

① 锁定油缸、支腿油缸工作正常，无自由下落；锁定油缸的固定螺栓牢固可靠；支腿油缸底座固定牢固，无变形，转动灵活。

② 支腿横向伸缩灵活，无卡滞；导框无变形，润滑良好。

③ 卷扬钢丝绳、吊臂伸缩钢丝绳连接牢固，且润滑良好，无断丝（一股断丝不能超过10%），磨损不超限（直径减少不能超过名义直径的 7%），无扭结，无松脱，无锈蚀，正常钢

丝绳如图 B–72 所示。

图 B–71 手制动机

图 B–72 正常钢丝绳

④ 吊臂滑块（见图 B–73）磨损不超限，且润滑良好；吊臂滑轮（见图 B–74）无损坏，工作正常，且润滑良好；吊臂伸缩导向滑轮（见图 B–75）工作正常，润滑良好。

图 B–73 吊臂滑块

图 B–74 吊臂滑轮

图 B–75 吊臂伸缩导向滑轮

⑤ 回转支承、回转机构、起升卷扬机构等连接螺栓应牢固可靠；回转支承连接螺栓拧紧力矩应为 1 240 N • m。

⑥ 卷扬机工作正常，钢丝绳（见图 B–76）排列整齐有序，钢丝绳过放保护机构性能良好。

图 B–76 卷扬机钢丝绳

⑦ 回转减速器、卷扬行星减速机润滑油充足，且无变质。

⑧ 各连接绞点、轮轴润滑良好。

10. 恒张力放线车上车部分

① 抬拨线柱主柱和副柱导框升降工作正常，润滑良好。

② 恒张力放线车参照作业指导书定期检查。

附录 C

季度维修保养标准

轨道作业车每行驶（5 000±500）km 或一季度进行一次定期保养。定期保养是以全面检查、调整、紧固、润滑，并排除不正常状态为内容的检查工作。应在月维修保养内容的基础上增加如下项目：

① 清洁空气滤清器、空气压缩机滤清器；排除总风缸、均衡风缸、过充风缸、工作风缸、作用风缸、紧急降压风缸及油水分离器等内部的积水和油污。

② 发动机、变速箱、车轴齿轮箱的润滑油在规定刻度内，油质符合要求。

③ 各种皮带磨损不超限，松紧符合要求。

④ 发动机、变速箱、固定轴、车轴齿轮箱的悬挂支承及安装紧固螺栓，应紧固、无变形。

⑤ 传动轴无裂纹、无弯曲、无变形；万向节和花键无松旷；油嘴齐全，润滑良好，连接良好、无松动。

⑥ 主车架无裂纹、无开焊、无明显变形、无锈蚀；排障器安装牢固，无明显变形，距轨面高 90～130 mm。

⑦ 液压减振器安装牢固，作用良好，无漏油。

⑧ 蓄电池接线柱无氧化、无腐蚀；电解液无泄漏，各连接件紧固，外表清洁，气孔畅通。

⑨ 车钩、缓冲器安装牢固，各部无裂纹；车钩开关灵活，“三态”作用良好；钩舌销无弯曲，开口销作用良好；钩锁铁无过量磨损；牵引销无变形、无过量磨损。

⑩ 车钩各部尺寸符合标准：车钩中心水平线距轨面高度为 815～890 mm；闭锁位车钩开度为 110～130 mm，全开位车钩开度为 220～250 mm；钩舌销与孔径向间隙为 1～4 mm；按周期检修、探伤并合格。

⑪ 排障器安装牢固，无明显变形，距轨面高度为 90～130 mm。

⑫ 冷却系统冷却液温度符合规定；液位高度符合要求，各部无漏泄；水泵工作良好，散热器无缺损、渗漏；风扇运转平稳，无异响，不抖动，风扇叶片无裂纹。

⑬ 车棚无明显锈蚀；油漆无明显脱落，必要时补漆。

⑭ 平台、立柱等结构件有无裂纹、无变形。

⑮ 平台、立柱和回转支承等紧固、无变形。

⑯ 回转机构润滑良好，无松旷，无过量磨损。

⑰ 清洗或更换液压系统的滤清器。

⑱ 各机构的行程开关动作灵活。

⑲ 轮对踏面擦伤深度及局部凹下不超过 1 mm；踏面剥离长度不超过 40 mm。

⑳ 钢丝绳无散股、断股，不缺油，无严重锈蚀，不得打扭；钢丝绳端头固定牢固，符合钢丝绳使用安全规定。

㉑ 手动泵或电动应急泵动作灵活，能使各工作机构复位。

附录 D

换季维修保养标准

根据季节性的温度变化更换适应季节温度的油料（夏季换用高黏度的润滑油，冬季换用低黏度的润滑油），采取防寒或降温措施，根据需要调整蓄电池的电解液的密度。

换季维修保养标准可结合定期维修保养标准进行。

附录 E

司机交接班作业指导书

1. 适用范围

适用于轨道作业车司机交接班作业。

2. 编制依据

TG/GW2109—2021　轨道作业车管理规则

电生〔2016〕133 号　机械设备安全技术操作规程

3. 交接班作业流程图

交接班作业流程如图 E－1 所示。

4. 交接班作业方法及步骤

1）交接班前准备

① 接班司机按时到达指定地点进行交接班作业。

② 交接班作业开始前，由交班司机负责对轨道作业车各部进行全面检查，对个人物品摆放、轨道作业车停放环境进行查看。

2）轨道作业车交接

① 交接班司机共同对轨道作业车（见图 E－2）各部进行全面检查、试验。

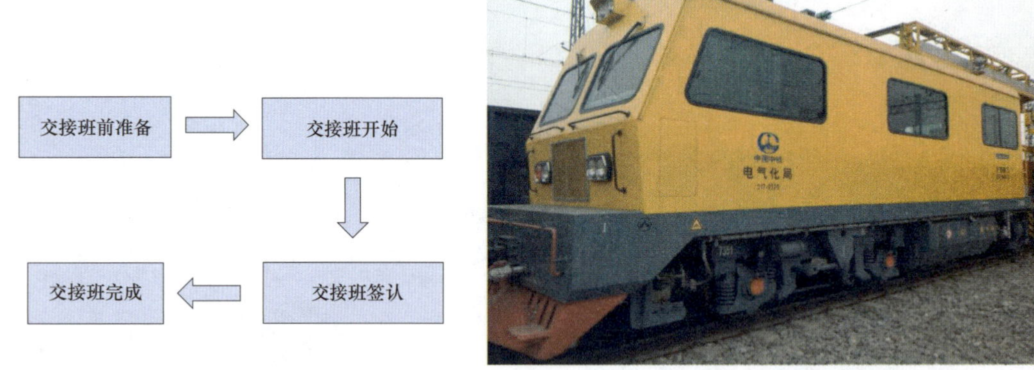

图 E－1　交接班作业流程　　图 E－2　轨道作业车

② 发现问题后，按相关规定及时处理。

3）工具备品交接

交接班人员按照工具备品台账共同对随车工具、安全防护用品、起复器具、防溜器具、灭火器具、对讲机等各种工具备品进行全面检查、清点，如图 E-3 所示。

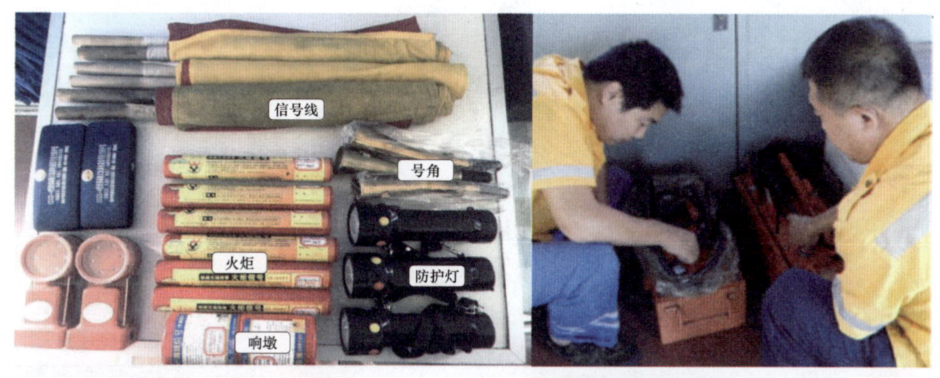

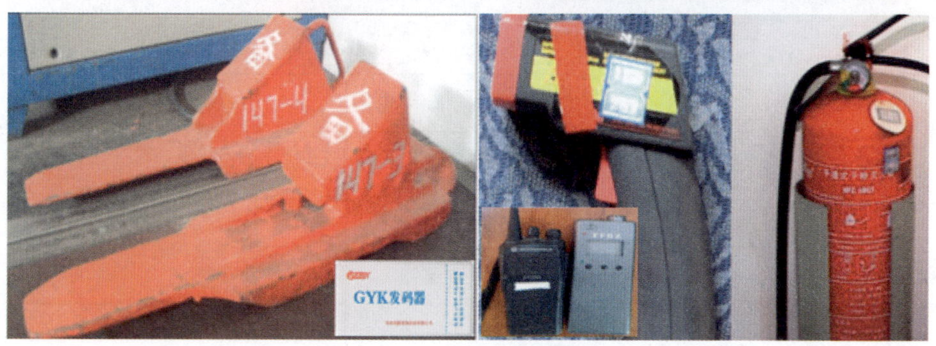

图 E-3 工具备品交接

4）资料交接

交接班司机对随车技术资料、工具备品台账等各种资料进行交接。

5）交接班签认

交接班作业完毕后，交接班司机应分别在《轨道作业车工作日志》和《工具备品点收台账》上进行签认。

附录 F

轨道作业车关键点工作温度记录表

管理号码　　　　　　轨道作业车型号　　　　　　生产厂家　　　　　　挂运区段/自运行区段

<table>
<tr><th>序号</th><th>环境温度</th><th>运行速度</th><th colspan="4">车轴温度记录</th><th colspan="2">走行总成温度</th><th>测温地点</th><th>测温时间</th><th>备注</th></tr>
<tr><td rowspan="4">1</td><td rowspan="4"></td><td rowspan="4"></td><td>左 1</td><td></td><td>右 1</td><td></td><td>一端车轴齿轮箱</td><td></td><td rowspan="4"></td><td rowspan="4"></td><td rowspan="4"></td></tr>
<tr><td>左 2</td><td></td><td>右 2</td><td></td><td>二端车轴齿轮箱</td><td></td></tr>
<tr><td>左 3</td><td></td><td>右 3</td><td></td><td>换向箱</td><td></td></tr>
<tr><td>左 4</td><td></td><td>右 4</td><td></td><td>变速箱</td><td></td></tr>
<tr><td rowspan="4">2</td><td rowspan="4"></td><td rowspan="4"></td><td>左 1</td><td></td><td>右 1</td><td></td><td>一端车轴齿轮箱</td><td></td><td rowspan="4"></td><td rowspan="4"></td><td rowspan="4"></td></tr>
<tr><td>左 2</td><td></td><td>右 2</td><td></td><td>二端车轴齿轮箱</td><td></td></tr>
<tr><td>左 3</td><td></td><td>右 3</td><td></td><td>换向箱</td><td></td></tr>
<tr><td>左 4</td><td></td><td>右 4</td><td></td><td>变速箱</td><td></td></tr>
<tr><td rowspan="4">3</td><td rowspan="4"></td><td rowspan="4"></td><td>左 1</td><td></td><td>右 1</td><td></td><td>一端车轴齿轮箱</td><td></td><td rowspan="4"></td><td rowspan="4"></td><td rowspan="4"></td></tr>
<tr><td>左 2</td><td></td><td>右 2</td><td></td><td>二端车轴齿轮箱</td><td></td></tr>
<tr><td>左 3</td><td></td><td>右 3</td><td></td><td>换向箱</td><td></td></tr>
<tr><td>左 4</td><td></td><td>右 4</td><td></td><td>变速箱</td><td></td></tr>
<tr><td rowspan="4">4</td><td rowspan="4"></td><td rowspan="4"></td><td>左 1</td><td></td><td>右 1</td><td></td><td>一端车轴齿轮箱</td><td></td><td rowspan="4"></td><td rowspan="4"></td><td rowspan="4"></td></tr>
<tr><td>左 2</td><td></td><td>右 2</td><td></td><td>二端车轴齿轮箱</td><td></td></tr>
<tr><td>左 3</td><td></td><td>右 3</td><td></td><td>换向箱</td><td></td></tr>
<tr><td>左 4</td><td></td><td>右 4</td><td></td><td>变速箱</td><td></td></tr>
</table>

备注：① 挂运时，需测量车轴、车轴齿轮箱温度；自运行时，需测量车轴、车轴齿轮箱、换向箱、变速箱温度。

② 参考工作温度：变速箱最高温度为 120 ℃，换向分动箱温升最高为 55 ℃，车轴齿轮箱温升最高为 50 ℃，车轴轴承箱允许最高温度为（环境温度×0.6+50）℃。

附录 G

轨道作业车施工作业票

施工单位：

<table>
<tr><th>车号</th><th>司机姓名</th><th>施工区段及上下行</th><th>施工里程及接触网杆号</th><th>施工起止时间</th><th>始发/返回车站</th><th>作业内容</th><th>分解连挂地点及方式</th><th>第一作业地点（杆号或里程）</th></tr>
<tr><td></td><td></td><td rowspan="4"></td><td rowspan="4"></td><td rowspan="4"></td><td rowspan="4"></td><td rowspan="4"></td><td rowspan="4"></td><td rowspan="4"></td></tr>
<tr><td></td><td></td></tr>
<tr><td></td><td></td></tr>
<tr><td></td><td></td></tr>
<tr><td rowspan="2">注意事项</td><td>坑内电缆情况及位置</td><td colspan="2"></td><td>高压线情况及位置</td><td></td><td>其他注意事项</td><td colspan="2">（线路上是否有障碍物以及是否存在交叉施工等）</td></tr>
<tr><td colspan="8">① 轨道作业车施工作业票必须在施工前送达轨道车班（组）长，否则轨道车司机有权拒绝出车。
② 轨道作业车施工作业票各项内容必须填写清楚、齐全。
③ 班组长在核对轨道作业车施工作业票中的施工区段、里程无超出调度命令封锁区间后方可动车。
④ 如果施工现场的施工内容、里程发生临时变更，施工负责人需向司机出具内容变更后的轨道作业车施工作业票，司机以此为依据配合施工作业。</td></tr>
</table>

驻站防护员：　　　　电话：　　　　施工负责人：　　　　年　月　日

附录 H

安全预想会、总结会记录

班组负责人：　　　　　　　　　　记录人：　　　　　　　　　　年　月　日

作业内容及人员分工：
安全预想及卡控措施：
群安员提示及班组人员补充事项：
参会人员签名：
当日工作总结：

注：① 安全预想会内容要全面。

② 参会人员必须做到“六个清楚”。

③ 当日工作总结要查找工作不足、分析原因，以便改进，要切合实际。

轨道作业车维修保养记录

年　月　日

管理号码		机械名称		机械型号			
修　程		起止日期		维修保养时间			
维修保养内容							
主要技术数据							
配件更换记录							
配件名称	数量	单价	金额	配件名称	数量	单价	金额
主修人签字				费用合计			

验收

附录 J

潍柴柴油发动机常见故障及排除方法

J.1 WD615 系列柴油机常见故障及排除方法

1. 柴油机不能起动（见表 J–1）

表 J–1 柴油机不能起动原因与排除方法

序号	故障原因	排除方法
1	输油泵进油滤网或软管等油路堵塞	检查清楚污物，检查燃油清洁度
2	燃油系统有空气	排除空气，检查接头密封性，修复之
3	高压油管损坏或漏油	修复或更换油管
4	气温过低	增加起动辅助设备或措施

2. 柴油机起动不久就停车（见表 J–2）

表 J–2 柴油机起动不久就停车原因与排除方法

序号	故障原因	排除方法
1	燃油滤清器堵塞	拆卸滤清器，清除其内部污物及水分，必要时更换滤芯
2	燃油系统内进入空气	检查油管及接头密封性，检查放气螺钉是否拧紧，排除其内部的空气
3	燃油质量差，含水过多	清洗滤清器，更换燃油

3. 柴油机功率不足（见表 J–3）

表 J–3 柴油机功率不足原因与排除方法

序号	故障原因	排除方法
1	进气堵塞（空气滤清器堵塞）	检查空气滤清器及进气管，清理或更换滤芯

续表

序号	故障原因	排除方法
2	增压器工作失常	更换总成
3	中冷器损坏、漏气	更换或修补中冷器
4	燃油管路漏油或堵塞	检查油管及接头的密封性，以及空气滤清器的污染度及燃油管道，修复或清除其中的污塞，更换滤芯
5	燃油质量差	清洗油箱、滤清零件及油管，更换燃油
6	油底壳机油面过高	检查油尺，放出多余机油
7	气缸垫漏气	热车时检查压缩空气的压力，更换损坏的气缸垫

4. 油耗过大（见表 J–4）

表 J–4　油耗过大原因与排除方法

序号	故障原因	排除方法
1	进气堵塞（空气滤清器堵塞）	检查空气滤清器及进气管，清理或更换滤芯
2	燃油质量差	清洗油箱、滤清零件及油管，更换燃油
3	燃油管路堵塞	检查并修复
4	燃油管路漏油	检查并修复
5	增压器工作失常	更换总成
6	中冷器损坏、漏气	更换或修补

5. 排气冒黑烟（见表 J–5）

表 J–5　排气冒黑烟原因与排除方法

序号	故障原因	排除方法
1	燃油质量差	清洗油箱、滤清零件及油管，更换燃油
2	增压器工作失常	更换总成
3	中冷器损坏、漏气	更换或修补

6. 排气冒白烟、蓝烟（见表 J–6）

表 J–6　排气冒白烟、蓝烟原因与排除方法

序号	故障原因	排除方法
1	燃油质量差，含水过多	清洗滤清器，更换燃油

续表

序号	故障原因	排除方法
2	冷却水温度过低	检查节温器的工作温度，必要时更换
3	增压器密封环磨损	检查、更换密封环
4	活塞油环失效	更换活塞油环
5	增压器回油管路堵塞	清洗或修理回油管路

7. 增压器进气口、进气管富集机油（见表 J–7）

表 J–7　增压器进气口、进气管富集机油原因与排除方法

序号	故障原因	排除方法
1	增压器密封环失效	修理或更换密封环
2	油气分离器失效	更换油气分离器
3	油底壳机油面过高	检查油尺，放出多余机油

8. 转速不稳定（见表 J–8）

表 J–8　转速不稳定原因与排除方法

序号	故障原因	排除方法
1	燃油质量差，含水或腊质	清洗燃油系统，更换燃油
2	吸油管中有空气	检查油管及其接头的密封性，排除空气

9. 机油压力过低（见表 J–9）

表 J–9　机油压力过低原因与排除方法

序号	故障原因	排除方法
1	油底壳油面过低或缺油	检查油面及是否有漏油处，添加机油
2	机油牌号不符合规定	按规定选用合适牌号机油
3	机油泵进油管漏	检查油管、接头，修复或更换机油泵
4	冷却系统水温过高，机油温度过高	检修冷却系统工作情况，修复问题
5	机油滤清器阻力过大	更换滤芯
6	机油冷却器堵塞	检查并清理
7	主油道堵塞	检查并清理

10. 冷却水温过高（见表 J–10）

表 J–10　冷却水温过高原因与排除方法

序号	故障原因	排除方法
1	水箱水面过低	检查有无漏水处，修复并加水
2	水箱堵塞	检查水箱，清理或修复
3	水泵皮带松弛	按规定调整张紧力
4	水泵损坏	检查、修复或更换
5	节温器故障	更换节温器
6	水管损坏	检查水管、接头、垫片等，更换损坏件
7	油底壳油面过低或缺油	检查油面及漏油处，修复并加油

11. 起动电机不工作（见表 J–11）

表 J–11　起动电机不工作原因与排除方法

序号	故障原因	排除方法
1	蓄电池电量不足	检查，充电或更换电池
2	连接线接触不良	清理线路，旋紧接线柱
3	熔断器熔断	更换熔断器
4	起动机故障	检查，维修或更换起动机

J.2　WD12 系列柴油机常见故障及排除方法

常见故障及排除方法可参考 WD615 系列柴油机，并关注表 J–12、表 J–13 中的情况。

1. 柴油机不能起动（见表 J–12）

表 J–12　柴油机不能起动原因及排除方法

序号	故障原因	排除方法
1	轨压传感器损坏或电压不正常	检查轨压传感器初始电压值是否在 500 mV 左右，或设定轨压是否为 30～50 MPa
2	流量计量单元连接不良或损坏	检查流量计量单元是否完好，拔掉流量计量单元接插件，尝试再起动
3	发动机线束、整车线束插件未插好，或者线束断路或短路	检查接插件的安装，用万用表按照线路图的指针定义检查线路的通断

续表

序号	故障原因	排除方法
4	曲轴信号传感器和凸轮轴信号传感器损坏，线束短路或断路	检查传感器是否损坏，线束是否连接良好
5	曲轴信号传感器和凸轮轴信号传感器固定不牢，造成传感器与感应齿之间间隙过大或过小	检查传感器与感应齿之间的间隙，一般为（1±0.5）mm

2. 柴油机功率不足（见表 J－13）

表 J－13　柴油机功率不足原因及排除方法

序号	故障原因	排除方法
1	传感器信号失效	通过闪码灯读出闪码，查看闪码表找出具体原因，并修复
2	流量计量单元故障	检修线路，确认是流量计量单元或轨压传感器故障，通知专业维修人员处理
3	进气压力传感器、水温传感器、轨压传感器故障	检查进气温度压力、水温、轨压传感器，看接插件是否牢固